IDas mittelhochdeutsche Gedicht vom Fuchs Reinhart

n nach den Casseler Bruchstücken und der Heidelberger Hs. Cod. pal. germ. 341

Herausgegeben

von

Georg Baesecke

Zweite Auflage

besorgt von

Ingeborg Schröbler

Max Niemeyer Verlag

Halle (Saale)

1952

Altdeutsche Textbibliothek, begründet von H. Paul†,
herausgegeben von G. Baesecke
nr. 7

Lizenznummer 259 / 470/21/50
Satz und Druck: (IV/26/14) Tribüne, Verlag und Druckereien des FDGB
Druckerei II Naumburg (Saale) Auftr.-Nr. 3134

Einleitung

I. Überlieferung

Die mhd. Dichtung vom Fuchs Reinhart ist überliefert in einer älteren Fassung, S[1]), von der nur Bruchstücke erhalten sind, insgesamt 688 Verse, und in einer jüngeren Bearbeitung, welche in Gestalt von zwei Hss., P und K, vollständig vorliegt.

1. S.

Hs.: MS poet. 8^0 1 der Landesbibliothek Kassel, Pergament, eingeheftet und eingeklebt in ein Exemplar von Jacob Grimms 'Sendschreiben an Karl Lachmann über Reinhart Fuchs', Leipzig 1840. Die Bruchstücke, S_1, S_2, S_3, S_4, bestehen aus zwei Doppelblättern, die zweispaltig vollständig beschrieben sind, deren jedes also 8 Spalten überliefert (S_2: umfassend v. 697—980a und S_3: umfassend v. 1523—1796), und aus den Hälften zweier einfachen Blätter, ebenfalls doppelseitig beschrieben, die senkrecht so durchgeschnitten sind, daß Recto- und Verso-Seite jeder Hälfte jeweils gerade eine Spalte überliefern (b und c), die nach der Blattmitte zu etwas verstümmelt ist (S_1: umfassend v. 589—660 und S_4: umfassend v. 1831 bis 1902).

Maße von S_2 und S_3 (nach Baesecke): 10,8 × 16,7 und 10,9 × 17,0 cm, Maße von S_1 und S_4: 4,5(—5,6) × 16,7 und 3,4(—3,9) × 17,0 cm.

Einrichtung: Zweispaltig, 30 waagerechte zwischen 4 senkrecht eingeritzten Linien. Höhe des Systems 13,3 cm, Breite der Spalte 4,2—4,3 cm, Zwischenraum zwischen beiden Spalten 0,5—0,6 cm. Erhaltene Schriftbreite auf S_1: 3,8—4,5 cm, auf S_4: 1,8—2,6 cm.

Die Schrift scheint von einer Hand zu stammen, obwohl sie auf S_3 etwas gröber und größer geworden ist. Bei einigen zwischenzeiligen Ergänzungen ist es zweifelhaft, ob eine zweite Hand in Frage kommt. Verse sind nicht abgesetzt, aber fast durchgehend durch Reimpunkte bezeichnet; jede andere Interpunktion fehlt. Nach Sinnabschnitten stehen große, etwas verschnörkelte und geschwänzte Majuskeln, rot, hier und da Schnörkellinien zur Zeilenfüllung. Außerdem sind überall an den Versanfängen einige Buchstaben rot gestrichelt und in der Regel, jedoch nicht ausnahmslos, die Eigennamen und das Wort *kunic* ganz; einige Male ist mit roter Tinte ein Punkt hinzugefügt, einmal ein *n*-Strich. (Da mir nicht die Hs. selbst, sondern nur eine gute Photographie vorliegt[2]), kann ich

---

[1]) So genannt seit Schönbach, ZfdA 29, 1885, S. 47.
[2]) Firma: Foto Erich Müller, Kassel.

über den Wechsel von Schwarz und Rot nicht nach eigener Anschauung urteilen.) Auf dem Rand der Seiten 6, 7, 10 finden sich einige sehr viel jüngere kursive Einträge, für meine Möglichkeiten nicht zu entziffern; moderne Tintenpaginierung der Bruchstücke 1—12.

Abkürzungen:

$dc = daz$, $v\bar{n} = unde$, $\cdot = er$ [1]), hochgestelltes i ($\cdot$) $= ri$, hochgestelltes offenes a (^{a}) $= ra$, $\alpha = or$, $\& = et$ (908), $R. = Reinhart$, $R.^{tis}$, $R.^{te}$, $R.^{ten} = Reinhartis$, $Reinharte$, $Reinharten$, Nasalstrich für n oder m.

$\overset{\cdot}{u}$ steht für 1) germ. $\bar{o}$, mhd. uo (66 mal), 2) germ. au, mhd. ou (7 mal), 3) germ. $\bar{u}$ (2 mal: 1540 $brun$, 1591 $die\ h\hat{u}t$), 4) für ahd. mhd. $\bar{o}$ einmal (1550 $bl\hat{u}ch$).

$\overset{\cdot}{v}$ steht für 1) germ. $\bar{o}$, mhd. uo, (11 mal, wozu wohl noch zu zählen ist 1675 $h\hat{v}t = huot$ m., nicht $h\hat{u}t$ f.), 2) für germ. au, mhd. ou einmal (1537 $b\hat{o}m$).

$\overset{v}{o}$ steht für 1) germ. au, mhd. ou (8 mal), 2) für germ. $\bar{o}$, mhd. uo (5 mal). — (Um das Bild nicht zu verwischen, habe ich diese Schreibungen nicht aufgelöst.)

Rundes s in der Minuskel fehlt, i erscheint mit wenigen Ausnahmen ohne Akzent, hohes h-förmiges z in v. 731, 940, 1589, Eigennamen mit Majuskel.

Danach könnte die Hs. noch in das 12. Jh. gehören oder in den Anfang des 13.

Erhaltung und Lesbarkeit ist gut, bis auf einige Abreibungen, die zu Grimms Zeit noch nicht so weit fortgeschritten waren, und die unten zu besprechende Zerstörung auf S. 10.

Eigentliche Schreibfehler sind nicht häufig, am ehesten Vorwegnahmen wie $fliffe$ für $sliffe$ 809, $gletin$ im mit n aus m 813 (vgl. auch 743, 936, 1886) und Nachholungen wie $sich$ $sich$ statt $sich$ $s\hat{i}n$ 791f. (vgl. auch 786, 947, 1685, 1698, 1733). Orthographisch, z. T. auch lautlich begründet sind wohl $gesach$ für $gescach$ 836, $m\hat{u}ze$ für $muose$ 771, waz für was 804, $muosten$ mit s aus z 959, vielleicht auch dem für den 812 und 813. Auf Buchstabenform der Vorlage könnte schließen lassen $cehinzit$ statt $cehinzic$ 704 ($t \sim c$). Aus gedanklichem Abweichen erklärt sich $sach \leftarrow sanc$ 867.

Zur Geschichte der Bruchstücke: Sie wurden im Jahre 1839 im Kurhessischen Archiv in Kassel entdeckt und durch den Bibliothekar Schubart an Jacob Grimm übersandt [2]). Dieser stellte fest, daß es sich um 'Pergamentblätter einer hier in Hessen 1515 jämmerlich zerschnittenen altdeutschen Hs.' handelte, 'welche Umschläge von Rechnungsbüchern hatten abgeben müssen. Auf der Seite eines Blattes [jetzt 10] fand sich ein kleiner Raum ausgekratzt, in den die Worte getragen standen:

---

[1]) Das Zeichen ' mußte in Ermangelung einer entsprechenden Type für die Wiedergabe der Abkürzung verwendet werden.

[2]) Vgl.: Die Landesbibliothek Kassel 1580—1930, hrsg. von Wilhelm Hopf. Marburg 1930, 2. Teil, S. 39—41.

Melsingen de Anno ₈ 14
Berechent vff frietag
nach triū regum Anno
XV' XV.
nō a' 150𝔁 schult.'

Der Eintrag ist jetzt durch Gallustinktur zerstört und nur noch teil-
weise zu lesen. Was er von dem ursprünglichen Text austilgt, verursacht
die Lücken in den Versen 1745—1753 und 1781—1790. 'Keine Mühe ist
gespart worden, um an der Stelle, wo die Bruchstücke an den Tag kamen,
noch anderer habhaft zu werden; allein vergebens' (Grimm). Sie wurden
der Öffentlichen Bibliothek in Kassel eingereiht und im Jahre 1840 von
J. Grimm im „Sendschreiben an Karl Lachmann" in buchstabengetreuem
Abdruck, verbunden mit einer Herstellung des Textes, veröffentlicht.

Die Sprache ist elsässisch:
Abfall von auslaufendem h: z. B. $hô$ (:$frô$) 797, $gâ$ (:$dâ$) 1730 etc.
(Alem. Gr. § 236); Ausfall von inlautendem h: z. B. $vân$ (: $hân$ = $habeo$)
748; $hân$ (= $suspendi$) (: $stân$) 1862 etc. (Alem. Gr. § 234); d für t: z. B.
dac 594, 775, $dagen$ 761, $dâlanc$ 656, 660, $deil$ 705 etc. (Alem. Gr. § 179);
Übergang von $r \rightarrow l$: $briol$ 977 (Alem. Gr. § 194); Übergang von $m \rightarrow n$:
z. B. $beschirnde$ 1740, $kunber$ 642, $Îsingrîn$ (: $sîn$) 647 etc. (Alem. Gr. § 203);
$gefrôr$ statt $gefrôs$ im Prt. Sg. von $friesen$ 750, 754 (Alem. Gr. § 196); nicht-
umgelautetes a: z. B. $spranzinc$ 1584, $stabilîn$ 590a etc. (Alem. Gr. § 112);
$â$ in Umlautstellung noch ohne Umlaut reimbar, z. B.: $zewâre$: $verrâtêre$
1855; dann $wâre$: $lugenâren$ 623 etc. (Alem. Gr. § 120); altes $ô$ für uo:
$broderscaft$ 703 (Alem. Gr. § 124); ou zu $ô$ verengt: $ôch$ 1696 (Alem. Gr.
§ 124); uo für $û$: in $Brûn$ 1540, die $hût$ (: $gût$) 1591 (Alem. Gr. § 144);
uo für $ô$: $blûch$ 1550 (Alem. Gr. § 144); die vollen im Reim bewahrten
Formen der 2. schwachen Konjugation: z. B. $umbemûrôt$ (: got) 830,
$gewarnôt$ (: $nôt$) 1557, $gehandelôt$ (: $dôt$) 1617 etc. (Alem. Gr. 357); die
Adverbform $dannân$: z. B. 776, 822 (Alem. Gr. § 10). Dazu kommen im
Wortschatz Ausdrücke wie $wîher$, $wîger$ 722, 727, $sôt$ 833, 848, 851, 865,
933, 955, 964, 972, 980a.

Darüber legt sich stellenweise eine leicht bairische Färbung, die Eigen-
art des Schreibers sein mag: kom er (oder $komen$) (: $genomen$) 864, kom 866
(neben $quam$: $swam$ 852) (Bair. Gr. § 189); dazu stimmt das Aufgeben des
Flexions-$ô$ in $gehandelt$ 1750 (von Grimm noch gelesen), in $hûlen$ (: $dôn$)
879, das nachher in $hûlôn$ gebessert wurde (Bair. Gr. § 303), auch das
Hinzufügen des h in $slahin$ (:$ingân$) 807, $gâch$ (:$sâ$) 795, 969, 1699, $lieht$
(:$verriet$) 1687 (s. o.), $bevolhen$ 893; das a statt o in $gehauwen$ (: $scouwen$) 729
(Alem. Gr. § 70; Bair. Gr. § 99).

S ist also, worauf schon die Betrachtung der Schreibversehen wies,
nicht Original.

Reimtechnik und Versbau sind die der vorhöfischen Zeit, doch
sind die Freiheiten mindestens der Reimtechnik geringer als in anderen

Werken aus der 2. Hälfte des 12. Jahrhunderts. E. Schröder (Nachr. von der Ges. der Wiss. zu Göttingen ph.-h. Kl. 1926, S. 22ff.) stellt fest, daß in den Reimen, mit Ausnahme von i: i (und a: $\bar{a}$), so gut wie keine vokalischen Differenzen begegnen, daß es sich also bei den ‚unreinen Reimen‘ nur um echte Assonanzen handelt. An konsonantisch ungenauen Reimen zählt Schröder 7%; zieht man davon diejenigen mit überschießendem -n ab, so bleiben nur knapp 5%, und diese sind durchweg leichter Art.

Freiheiten im Versbau sind weniger selten: fehlende Senkungen auf der einen Seite, schwere Senkungsfüllungen, drei- und viersilbige Takte auf der anderen. Hier überschneiden sich germanisches und romanisches Versideal. Baesecke (Der Vers im Reinhart Fuchs, ZfdA 62, 1925, S. 251ff.) zählt an regelmäßigen Versen (mit einsilbigem Auftakt und ohne diesen) 31,9%; Verse mit einem oder mehreren drei- oder mehrsilbigen Takten 32,3%; Verse mit einem oder mehreren einsilbigen Takten 23,7%; Verse, die gleichzeitig einsilbige und drei- oder mehrsilbige Takte enthalten 12,1%; vom Gesichtspunkt des Auftaktes betrachtet: Verse ohne oder mit einsilbigem Auftakt 83,6%, mit zweisilbigem Auftakt 13,2%, mit dreisilbigem Auftakt 2,6%, mit viersilbigem 0,6%.

2. Die Bearbeitung.

a) P.

Hs.: Cod. Pal. germ. 341 der Universitäts-Bibliothek Heidelberg, Pergament, eingehend beschrieben von G. Rosenhagen in: Deutsche Texte des Mittelalters Bd. 17, 1909, dazu A. Bernt, Zur Heidelberger Hs. Cod. Pal. germ. 341 (ZfdA 52, 1910, 245ff.). Es ist ʻdie größte einheitlich angelegte und hergestellte·Sammelhandschrift von Reimpaargedichten zum Vorlesen, welche wir aus . . . der Zeit, wo mhd. Literatur noch geschrieben wurde, vollständig besitzen’. Sie enthält 213 Gedichte auf 374 zweispaltigen Blättern zu 40 Zeilen, insgesamt rund 59 500 Verse, zusammengestellt aus älteren Sammlungen und Einzelstücken.

Maße und Einrichtung: Höhe der Blätter 30,8, Breite durchschnittlich 22,5 cm, ganze Höhe der Spalten 24,8—25,0 cm, Breite der Zeilen 7,8—8,1 cm, senkrechter Abstand der Zeilen 0,6—0,7 cm. Es wird nach Versen abgesetzt, und die ungeraden Reimzeilen sind immer um die Breite eines Buchstabens nach links herausgerückt. Alle Zeilen beginnen mit Majuskeln. Nach Sinnabschnitten stehen schön ausgeführte farbige Buchstaben. Die ganze Hs. ist von 4 Schreibern geschrieben: α, β, γ, δ. Der Reinhart Fuchs ist Nr. 60 der Sammlung, reicht von Spalte 167c bis 181d und gehört dem Schreiber β an.

Abkürzungen innerhalb dieses Textes:

ʻ = er, $\bar{v}n$ = unde, hochgestelltes offenes a (^{a}) = ra (selten), Nasalstrich für n oder m.

Datierung nach Rosenhagen (S. XXII): etwa erstes Drittel des 14. Jahrhunderts.

Die Erhaltung der Hs. ist vorzüglich. Facsimiles (aber nicht vom Text des Reinhart) finden sich bei von der Hagen, Gesamtabenteuer Bd. III, 1850 und G. Könnecke, Bilderatlas zur Gesch. der deutsch. Nationallit., 2. Aufl., 1894, S. 72.

Geschichte der Hs.: Über ihre Vorgeschichte ist nichts bekannt, als daß sie um 1600 herum zu den Büchern der Pfälzer Bibliothek gehörte und nach der Eroberung Heidelbergs durch Tilly i. J. 1622 zusammen mit dem in Deutschland damals einzigartigen Schatz orientalischer, griechischer, lateinischer, französischer, altdeutscher Hss. dieser Bibliothek von Herzog Maximilian von Bayern Papst Gregor XV. zum Geschenk gemacht wurde. Im Jahre 1816 wurden 890 namentlich deutsche Hss. der ehemaligen Bibliotheca Palatina, darunter Cod. germ. 341, auf Grund von diplomatischen Verhandlungen von Papst Pius VII. der Universität Heidelberg zurückerstattet. Nur vermuten läßt sich, daß P einstmals mit anderen deutschen und französischen Hss. zu der Privatbibliothek des Kurfürsten Ott Heinrich (1556—1559) gehörte, die dieser bis zur Fertigstellung eines Neubaus für seine Bibliothek in der des Stiftes zum Heiligen Geist unterstellen ließ, wo sie blieb bis zu ihrer Hinwegführung nach Rom.

Zur Geschichte der Bibliotheca Palatina: E. Wilken, Geschichte der Entstehung, Beraubung und Vernichtung der Heidelberger Büchersammlungen. Heidelberg 1817; Aug. Theiner: Die Schenkung der Heidelberger Bibliothek durch Maximilian I. an Papst Gregor XV. und ihre Versendung nach Rom. München 1844; Curzio Mazzi, Leone Allacci e la Palatina di Heidelberg. Bologna 1893; Karl Christ, Die altfranzösischen Hss. der Palatina (= Beiheft z. Zentralbl. für Bibl.-Wesen XLVII). Leipzig 1916.

b) K.

Hs.: Cod. 1 der Metropolitanbibliothek in Kalocsa (Ungarn), Pergament, 14. Jh., nächst verwandt mit P und gleich eingerichtet, die ganze Hs. von einem Schreiber herrührend, der nach Zwierzina (s. u.) identisch ist mit dem Schreiber γ von P. Sie wurde zuerst genauer bekannt gemacht durch Johann Nep. Grafen Mailáth und Joh. Paul Köffinger: Der Koloczaer (sic!) Codex altdeutscher Gedichte, Pesth 1817; doch ist dies nur eine Teilveröffentlichung, nicht frei von Fehlern.

Reißenberger hat für die 2. Auflage des Reinhart Fuchs in der Altdeutschen Textbibliothek, 1908, die Hs. kollationiert und gibt im Apparat die Lesarten; doch ist zu bemerken, daß nicht ganz wenige Versehen in seinen Angaben über P begegnen, so daß eine gewisse Skepsis auch gegenüber seinen Angaben über K angebracht ist. Eingehend beschäftigt mit K hat sich K. Zwierzina, vgl. Die Kalocsaer Hs. in: Festschrift Max H. Jellinek zum 29. Mai 1928 dargebracht, Wien 1928, S. 209ff. Sonstige kurze Erwähnungen sind zusammengestellt bei C. v. Kraus, Mhd. Übungsbuch, 2. Aufl., Heidelberg 1926, S. 281, außerdem Rosenhagen, Deutsche Texte des MA's 17, S. XVff. und XXVIIf. Eine moderne Beschreibung, die der von P durch Rosenhagen entspräche, existiert nicht. Für die gegenwärtige Herausgeberin war die Hs. nicht erreichbar.

c) Das Verhältnis von P zu K.

Die Frage ist, ob K Abschrift von P ist oder ob beide auf die gleichen Vorlagen zurückgehen. Die erstere Ansicht vertraten Schönbach, von Bahder, Baesecke, von Kraus für die Strickerpartien (Mhd. Übungsbuch[a]), die zweite Reißenberger, Rosenhagen, Leitzmann, Wallner. Die Antwort kann nicht für alle Nummern der beiden Sammelhandschriften die gleiche sein: in einigen Stücken ist K von P unabhängig, während es anderseits eine Fülle von Lesarten gibt, die K als direkt aus P entsprungen dartun (Zwierzina) — was sich aus der Verschiedenartigkeit der Vorlagen, z. T. bereits Sammel-Hss., z. T. Einzel-Hss., erklärt. Eben für den Reinhart ist vielleicht eine Einzelvorlage anzunehmen, da sein Platz in K nicht dem in P entspricht. Die abweichenden Lesarten selbst gewähren nicht die Möglich-

keit einer eindeutigen Entscheidung für $\begin{array}{c} P \\ | \\ K \end{array}$ oder $\begin{array}{c} X \\ \diagup\diagdown \\ P \quad K \end{array}$; denn ein ‚denkender'

Abschreiber in gewissem Sinne ist K gewesen, und seine Abweichungen können als ‚Konjekturen' gegenüber P zu bewerten sein, so sein *valle* für *druch*, *druck* 326, 363, 365, *an sumeliche* 2338 (Mailáth-K.) gegen *sumelicher* P 2258, sein *sturmen* 818 (M.-K.) gegen *pfulsin* P 740. Auch seine Zusatzverse — wie 513 (M.-K.) und 747—751 — wirken nicht wie aus einer reicheren Überlieferung erhalten, sondern wie ein Ausspinnen des gleichen Gedankens. Mit P teilt er sinnentstellende Fehler: *in im daz* 104, *wart er sam vro* 148, *vor er in sant* 508, *versprochen* 857 etc. Abweichend von P ist sein Verhalten gegenüber der Lücke nach 562 P: P läßt 2 Zeilen frei, K 3 Spalten, offenbar in der Hoffnung, das fehlende Blatt noch irgendwo zu finden. Aber K hört auch 10 Zeilen vor P auf (mit *bequam*); wenn P seine Vorlage war, weshalb schrieb er nicht wenigstens bis *gnuc* (562)? Praktisch ist es für den Reinhart-Text von geringer Bedeutung, ob man P und K von X herleitet oder K aus P. Zur Behebung der ernsthaften Cruces in P trägt K nicht bei.

d) Sprache und Orthographie von P, bzw. seiner Vorlage *P.

Die Orthographie der Hs. P als ganzes ist von ungewöhnlicher Buntheit, was sich aus der Verschiedenartigkeit der Vorlagen und den Eigenarten der vier Schreiber erklärt. Aber sie ist es auch innerhalb der einzelnen Stücke. Dazu kommt für den Reinhart, daß offenbar schon die Vorlage *P, die Bearbeitung des alten Gedichtes, Grobmundartliches aus Wortschatz und Formenbestand ausgestoßen hat, so daß sich der Dialekt eindeutig nicht bestimmen läßt. Daß mit einem solchen *P vor P zu rechnen ist, ergibt sich schon aus der Lücke nach v. 562 und aus Unverständlichkeiten wie v. 104.

Der Bearbeiter war kein Elsässer und überhaupt kein Alemanne, denn er beseitige Wörter wie *wîger* und *sôt*, mied grundsätzlich die Reime *i* : *î*, *-m* : *-n*, während ihm *a* : *â* keinen Anstoß erregte; er war auch nicht Bayer (oder Österreicher), bairischer Franke oder Oberpfläzer, was die zahlreichen *quam-* bezeugen; da er keinen Infinitiv auf *-e* reimt und im Gegenteil Abneigung gegen die Reime *-e* : *-en* zutage tritt, scheidet auch Thüringen oder Oberfranken als seine Heimat aus. Nichts weist nach Hessen oder Rheinfranken. Die neuen Reime, die er gegen S einführt, sind weder so zahlreich noch so charakteristisch, daß sich aus ihnen sein Dialekt festlegen ließe (Schröder, Nachr. von der Ges. der Wiss. zu Göttingen ph.-h. Kl. 1926, 45 f.).

Doch zeigt P, bzw. *P, einige mitteldeutsche Spuren: *er* für *her* 56, 75, *sân* 1189. Dazu kommen die häufigen *i* für *ie*, die fast regelmäßigen *u* für *uo*, *zu-* statt *zer-* als Vorsilbe, *eu* für mhd. *iu*. Anderseits sind zwei *ä* : *ê*-Reime beseitigt, 1845/46 und 1871/72, was man als bairischen Einfluß gedeutet hat (Zwierzina, ZfdA 44, 306, Anm. 2, vorher v. Bahder, Beitr. 16, 53; anders Wallner, ZfdPh 52, 262). Auf Grund dieser lautlichen und orthographischen Verhältnisse haben Rosenhagen und Bernt (ZfdA 52, 245 ff.) Böhmen als Heimat von P in Anspruch genommen, Baesecke ergänzt ‚Böhmen bairischer Zunge' — das meint: eine böhmische Schreibstube mit oberdeutschen Einflüssen, und er setzt auch *P dort an. Dagegen hat Wallner (ZfdA 63) den Mangel an zureichendem datierbarem Vergleichsmaterial aus Böhmen betont und die Ansicht vertreten, daß eine ganze Anzahl von Nummern aus P auf die Mark Meißen hinweise: Nr. 53 auf Zwickau, Nr. 205 Das Rädlein auf Freiberg, ebenso Nr. 213 Die Ritterfahrt, Nr. 200 Frauenbeständigkeit (*Ez was in Ôsterlande ein ritter âne schande*), Nr. 56 Der Bergmann brauche nicht unbedingt in Verbindung mit dem Iglauer Bergbau zu stehen (wie auch der Ortsname Drahou in Nr. 203 Das Gänslein nicht eindeutig beweisend für Böhmen ist); schließlich haben sich von Nr. 39 Frauenturnei Bruchstücke in Leipzig und Freiberg gefunden, und in einer von diesen Städten denkt sich Wallner P und K geschrieben.

e) Inhaltliche Argumente für die böhmische Herkunft der Hs. P.

Als letztes Gedicht in der Hs. P, Nr. 213, und ebenso in K (wo aber nur die Überschrift erhalten ist, die Blätter selbst sind verloren gegangen) steht die ‚Ritterfahrt des Johann von Michelsberg' eines Heinrich von Freiberg (der vielleicht nicht identisch ist mit dem Tristandichter), 330 Verse, der Anfang verstümmelt. Sie schildert eine Turnierfahrt dieses böhmischen Edlen nach Paris an den Hof des Königs von Frankreich. Der Held ist als noch lebend gedacht, und es ist nicht zu bezweifeln, daß das Gedicht unter dem unmittelbaren Eindruck des Geschehens verfaßt ist. Dieses wird bei einem tschechischen Chronisten, dem sog. Dalimil, zwischen den Jahren 1293 und 1296 erwähnt, ebenso in der prosaischen deutschen Bearbeitung dieser Chronik zum Jahre 1297. Johann von Michelsberg er-

scheint in böhmischen Urkunden zuerst 1283 und ist spätestens 1306 ge-
storben. Das Gedicht hat in P ursprünglich an anderer Stelle gestanden:
unter der Rasur Blatt 90c—92d, worauf jetzt Nr. 42 Der Mönch Felix
steht. Die rote Überschrift ist noch sichtbar. Die Ritterfahrt ist das einzige
Gedicht in P (und K), 'welches zu einer bestimmten geschichtlich bekannten
Persönlichkeit von höherem Rang in Beziehung steht'. Man hat der Ein-
ordnung an den Schluß der Hss. und dem sehr persönlichen Charakter, der
das Gedicht von allen anderen der beiden Sammlungen unterscheidet, be-
sondere Bedeutung als eine Huldigung beigemessen und daraus geschlossen,
daß beide Hss. für Johann von Michelsberg selbst oder seine unmittelbaren
Nachkommen hergestellt seien, den Sohn Benesch, gestorben zwischen 1322
und 1327, oder den Enkel Johann II. — was sich mit Rosenhagens, Bernts,
Baeseckes Ansicht über den sprachlichen Charakter von P und die böh-
mischen Beziehungen anderer Gedichte der Sammlung (Gänslein, Meer-
fahrt, Bergmann) ergänzen würde sowie mit der aus paläographischen und
lautlichen Argumenten gewonnenen Datierung der Hs. P auf das erste
Drittel des 14. Jahrhunderts. Baesecke hält es daher für möglich, die
Neubearbeitung des Reinhart Fuchs, *P, neben die Ritterfahrt und die
beiden Sammelhss. zu stellen und das nordböhmische Geschlecht der
Michelsberger, das seit 1310 (bzw. 1327) auf Weleschin in Südböhmen
residierte, zu Auftraggebern zu machen. Es bliebe dafür die Zeit von etwa
1310—1330.

Immerhin ist ein solches mit den Mitteln der inneren Kritik gewonnenes
Kriterium nicht so verläßlich, wie es eine ausgesprochene Widmung an
einen Auftraggeber wäre, und die Anfügung der Ritterfahrt könnte sich
auch mit besonderen Beziehungen eines unbekannten Auftraggebers oder
auch des Schreibers zu den Michelsbergern erklären[1]). Wallner lehnt die
Michelsberger Hypothese mit der Begründung ab, daß die kulturellen und
Siedlungs-Verhältnisse Südböhmens zu Beginn des 14. Jh.s nicht die
Voraussetzungen für die Entstehung der beiden großen Sammelhss. ge-
boten hätten und daß ein deutschfreundliches Mäzenatentum nicht zu
den Michelsbergern passe (ZfdA 63; ZfdPh 52).

II. Stemma und Textgestaltung

Das vollständige S war nicht gleich dem Original (s. o. S. V), und es
war auch nicht Vorfahr von *P. Das geht hervor aus 632 *geleidiget* S,
lecket P, aus den abweichenden Fassungen von 1705—07 und aus der
Änderung der durch den Roman de Renart und den Reim 1727 S ge-
sicherten Pfaffenerzählung (v. 1689ff.) in eine Bauernerzählung durch S.
S und *P fließen also aus einer gemeinsamen Quelle *SP, und diese könnte

---

[1]) Ausgabe der Ritterfahrt und alles Material über Johann von Michelsberg
und Heinrich von Freiberg in: Heinrich von Freiberg, hrsg. von Alois Bernt.
Halle 1906.

schon identisch sein mit dem Original (O), das dann einen Fehler enthalten
hätte wie 1681 *wan* oder das übergeschriebene Glossem *frowe Hersint*,
das 870—871 in den Text geriet. Das ergäbe:

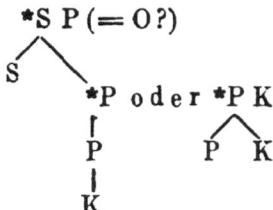

Der sprachliche Befund wie die Anspielungen auf Walther von Horburg
v. 1024ff. und das Kloster Erstein v. 2123ff. (s. u. S. XVIf.) weisen auf das
Elsaß als auf die Heimat des Originals. Über die Datierung s. u. S. XVff.

Läßt sich bei diesen Überlieferungsverhältnissen der Text des Originals
rekonstruieren? Die Frage ist aus Anlaß der letzten Ausgabe des Textes
mit Heftigkeit erörtert worden. Die von Schönbach, v. Bahder, Leitzmann
vertretene Ansicht ist, daß die Wiedergewinnung des alten Textes unmög-
lich ist (nach Schönbachs Ansicht selbst innerhalb des Bereichs der Bruch-
stücke von S). Der letzte Herausgeber, Baesecke, entscheidet dahin, daß
man den Wortlaut des Originals nur innerhalb der Bruchstücke von S zu
gewinnen hoffen könne, wobei P den Wert einer jungen Umarbeitungshs.
hat; er rekonstruiert also auf diesen Strecken O aus S und P; auf die Her-
stellung von *P verzichtet er wegen der Unmöglichkeit, die Schreiber-
eigentümlichkeiten von P sauber von den Eigenarten der Vorlage abzu-
heben, und gibt daher nur einen Abdruck von P (in dem allerdings Kon-
jekturen auftauchen). K wird so gut wie nicht berücksichtigt. Die beiden
Texte, die Bruchstücke von S und P, erscheinen in Paralleldruck.

Dagegen hat E. Schröder in der Besprechung von Baeseckes Ausgabe
(AnzfdA 45, 1926, 93ff.) und ausführlicher in den Nachr. von d. kgl. Ge-
sellsch. d. Wiss. zu Göttingen, ph.-h. Kl. 1926, S. 22ff. als 'einzige Auf-
gabe der Kritik' die annähernde Herstellung des Originals bezeichnet,
Wallner hat gleichzeitig dasselbe gefordert (Beitr. 47, 1923, 173ff.; ZfdA
63, 1926, 177ff.; ZfdA 64, 1927, 237ff.). Schröder geht aus von der Unter-
suchung der Reimtechnik und Reimgrammatik von S und vergleicht mit
dem entsprechenden Drittel von P: methodisch äußerst sauber, stellt er
Typen der Abweichung von P gegenüber S zusammen, Typen ‚unreiner‘
Reime in S, grammatische Besonderheiten; er errechnet die Prozentzahlen
für die einzelnen Erscheinungen und findet auf diese Weise Normen für
die Rekonstruktion von O auch auf den durch S nicht gedeckten Strecken.
Wenn es einen Weg an das Original heran gibt, so ist es dieser von Schröder
gewiesene. Aber er weiß selbst, daß die Aussicht nicht besteht, einen bis
in jede Einzelheit zuverlässigen Text zu erreichen. Unter diesen Umständen

bleibt trotz aller aufgewandten Mühe die Rekonstruktion eines Gesamt-
textes ein geistreiches Spiel, getragen von der subjektiven Freude an dem
eigenen sprachlichen Können, im besten Falle eine Übung für günstiger
gelagerte Fälle mit reicherer Überlieferung. Ich teile deshalb die Ansicht
der früheren Herausgeber: Ich gebe keine Rekonstruktion des Originals,
auch nicht innerhalb des Rahmens von S, sondern einen Abdruck der
Kasseler Bruchstücke, in dem nur die offenkundigsten Schreiberversehen
durch Kursivdruck als verbessert erscheinen. Gegen die Hs. setze ich nach
Versen ab und lasse die Reimpunkte weg; ich bezeichne die Zeilenenden
der Hs. mit einem senkrechten Strich (|), die Spalten- und Seitenenden
mit Doppelstrich (||); ich führe die Worttrennung nach moderner Art
durch, wobei eine gewisse Willkür in Fragen der Komposita nicht zu ver-
meiden ist; ich führe moderne Interpunktion ein, obwohl sie im Grunde
der alten Syntax nicht entspricht und deshalb zuweilen subjektiv ist; ich
löse die auf S. IV angeführten Abkürzungen auf; ich schreibe Eigennamen
durchgehend mit Majuskel. Alle diese Abweichungen von der Hs. (mit
Ausnahme der Zusammenschreibung von Worten) sind im ersten Apparat
vermerkt; der zweite Apparat gibt Konjekturen und sonstige Erklärungen.
Punkte im Text oder im Apparat (. . .) bezeichnen eine Lücke oder eine un-
leserliche Stelle in der Hs. In der Bezeichnung der Fragmente bezieht sich
die römische Ziffer auf Grimms Zählung, die arabische auf die heutige Pagi-
nierung. Über den Wechsel von roter und schwarzer Schrift kann ich nichts
aussagen, da mir nur Photokopien der Hs. vorliegen. Die gleichen Grund-
sätze gelten für die Wiedergabe von P. An Stelle der Majuskeln zu Beginn
jeder Zeile setze ich Kleinbuchstaben. Wie S habe ich auch P nur nach
Photographie kollationiert, doch ist diese nicht so gut ausgefallen wie die
von S, so daß ich überschriebenes *e* (wie v. 30) oder *o* (wie v. 75, 76) oftmals
ohne die Hilfe von Baeseckes Text nicht hätte wahrnehmen können. Das
gleiche gilt für Akzente über einzelnen Buchstaben, die nicht selten be-
gegnen; ich weise auch im Apparat nicht darauf hin, weil ich Konsequenz
darin nicht erreichen könnte. Die Zeilenenden oder -anfänge (2—3 Buch-
staben oder auch einige mehr); soweit sie nach der Innenseite des sehr starken
Bandes zu liegen, sind gelegentlich nicht auf die Photographie gekommen,
bzw. in so starker Verkürzung, daß sie nicht lesbar sind und ich auch darin
Baesecke folge.

In den Apparat der vorliegenden Ausgabe sind Reißenbergers Les-
arten von K aufgenommen — mit der oben S. VII erwähnten Reserve;
außerdem bemerke ich, daß ich Reißenbergers Lesarten von K als die
markantesten Abweichungen gegenüber P betrachte, sie aber nicht als
vollzählig ansehe, so daß von Stellen, für welche die Lesart von K nicht
angegeben ist, nicht gesagt ist, daß P mit K übereinstimmt. Ich habe
dieses eklektische Verfahren dem vollständigen Weglassen der Lesarten
von K vorgezogen, um dem Leser instand zu setzen, wenigstens ein
gewisses Bild von dem Verhältnis beider Hss. zueinander zu ge-
winnen.

Im Apparat gebrauchte Abkürzungen:

vB   = von Bahder, Beitr. 16, 1892, 49 ff.
Bae   = Baesecke, Ausgabe, Altdt. Textbibl. Nr. 7, Halle 1925.
Gr   = J. Grimm, Sendschreiben an Karl Lachmann über Reinhart Fuchs
         Leipzig 1840, und J. Grimm, Reinhart Fuchs, Berlin 1834.
H   = Haupt, ZfdA 15, 1872, 254 f.
K   = die aus Reißenbergers Ausgabe, 2. Aufl., Halle 1908, übernommenen Les-
         arten der Kalocsaer Hs.
L   = Leitzmann, Beitr. 42, 1916, 18 ff.
Mailáth-Köffinger = Koloczaer Codex altdeutscher Gedichte, hrsg. von Johann
         Nep. Grafen Mailáth und Johann Paul Köffinger. Pesth 1817.
P   = die Lesarten des Codex pal. germ. 341 in Heidelberg.
R   = Reißenberger, Beitr. 11, 1886, 330 ff.
S   = die Lesarten des MS poet. 8° 1 in Kassel.
Sch   = Schönbach, ZfdA 29, 1885, 47 ff.
Schr₁ = E. Schröder, Besprechung von Baeseckes Ausgabe, AnzfdA 45, 1926, 93 ff.
Schr₂ = E. Schröder, Nachr. von der Gesellsch. d. Wissensch. zu Göttingen,
         ph.-h. Kl. 1926, Heft 1, S. 22 ff.
St   = Steinmeyer, ZfdA 45, 1901, 314 ff.
W₁   = Wallner, Beitr. 47, 1923, 173 ff.
W₂   = Wallner, ZfdA 63, 1926, 177 ff.
W₃   = Wallner, ZfdA 64, 1927, 237 ff.
W₄   = Wallner, ZfdPh 52, 1927, 259 ff.

Baesecke S. LIf. seiner Ausgabe gibt ein Verzeichnis seiner von Grimm
abweichenden Lesungen; ich füge hier an eines meiner von Baesecke ab-
weichenden (wobei in keinem Falle die erwähnte stellenweise Unvoll-
kommenheit meiner Photokopien eine Rolle spielt):

146 *vppige*; 205 *vn̄*; 293 *hvnde* (über dem *v* der Schatten eines Circum-
flex); 578 *evch*; 587 *gevriet*; 618 S *genomin*; 626 P *trewete*; 739 S *s. lit*
(der Punkt bedeutet einen unlesbaren Buchstaben); 773 S *haim*; 1014
in v'miten; 1077 *Trvt mag*; 1107 *bere*; 1397 *ze mere*; 1425 *verteile*; 1445
lichte; 1545 S *friunt*; 1594 S *spote*; 1743 P *kvnīch*; 1960 *trewe*; 2075
widere; 2248 *gvten*.

III. Dichter, Titel und Bearbeiter. Datierung, Quelle

1. Im Epilog berichtet der anonyme Bearbeiter, daß *der glichesere
her Heinrich* das Gedicht verfaßt habe, dem er selbst dann formale
Änderungen habe angedeihen lassen (v. 2250 ff.). Im gleichen Sinne sagt
er einige hundert Verse früher:

> nv vernemet seltzene dinc
> vnde vremde mere,
> der die glichesere
> v kvnde geit, wen si sint gewerlich:
> [wan] er ist geheizen Heinrich,
> der hat die bvch zesamene geleit
> von Isengrines arbeit (v. 1784 ff.).

Die entsprechende Stelle in S ist infolge der oben (S. IV) erwähnten Rasur nur noch mangelhaft zu lesen. Ein Herr Heinrich der Gleißner ist urkundlich nicht nachgewiesen, doch hat man bis zu Wallner, ZfdA 63, 1926, und ZfdPh 52, 1927, nicht daran gezweifelt, daß der Dichter diesen Namen führte. Wallner macht den Vorschlag, das Wort (*gl*)*ichezare* in S nicht als Cognomen zu fassen, sondern auf den Fuchs zu beziehen und v. 1784—1790 S folgendermaßen zu ergänzen: ⟨*nv v'nemīt seltsane d*⟩*inc vñ fre*⟨*mide mare. d' v̄ō dē gl*⟩*ichezare* ⟨*ivch kunde git sit ge*⟩ *warlich* ⟨*er ist geheizen heinr*⟩*ich. er hat* ⟨*dc bůch gedihtot vmbe*⟩ *isingrines not* (ZfdPh 52, 269). Der Einfall ist bestechend, und die Bezeichnung ‚Gleißner‘ für den Fuchs in dem Augenblick, da er nach einer langen Reihe von Missetaten gegen den König sich anschickt, an den Hof zu gehen — in der Maske eines unschuldig Verfolgten (1831—34), der soeben zur Rettung seines Herrn die mühevolle Reise nach Salerno zurückgelegt hat — würde vortrefflich passen[1]), während ein solcher herabsetzender Beiname eines Menschen für das 12. Jahrhundert ungewöhnlich wäre. Doch steht gegen Wallners Konjektur die Tatsache, daß der Bearbeiter aus seiner Vorlage den Dichternamen ‚Heinrich der Gleißner‘ herausgelesen hat, der dem 14. Jh. nicht so anstößig war wie dem 12. Dann müßte die Vorlage an der entscheidenden Stelle doppelt verderbt gewesen sein: erstens fehlte das *von*, und zweitens war die Form des Artikels entstellt. Das würde für das Stemma (oben S. XI) bedeuten, daß zwischen *P und *SP (= O?) sich noch ein X einfügte, das anzunehmen sonst kein Anlaß besteht — also

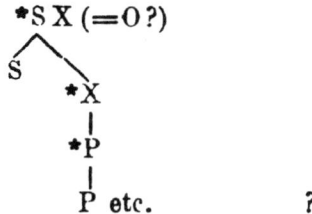

S versagt für die Entscheidung leider jede Hilfe: da man nicht weiß, ob die Silben, die zwischen *fre*- und -*ichezare* standen, Abkürzungen enthielten (womit Wallner rechnet) oder nicht, kann man auch nicht sagen, ob die radierte Zeile noch Raum bot für ein *von*. Auch anderes führt nicht weiter: Im allgemeinen sind die Eigennamen rot gestrichelt (s. o. S. III); der Wortrest *ichezare* enthält nach freundlicher Auskunft von Herrn Bibliotheksrat Dr. Bahlow, Kassel, keinerlei Spur von Rot und war bestimmt nicht so ausgezeichnet — was für Wallners These spräche; aber auf der gleichen Seite ist auch *reinharte* (v. 1736) ohne rote Strichelung. Erwägt man dies alles, so ist der Anspruch auf den Namen ‚Gleißner‘ von Reinharts Seite nicht größer als von Heinrichs; mehr zu sagen erlaubt

---

[1]) Die Belege, die Wallner aus anderen Denkmälern dafür anführt, daß das Wort ‚Gleißner‘ ursprünglich überhaupt den Fuchs meine, überzeugen nicht.

die Überlieferung nicht, und *Heinrich qui dicitur der glichesere*, darf man den Dichter immer nennen, da ihn ja eben der Bearbeiter so nannte.

Eine weitere Schwierigkeit ist die Titelfrage. S überliefert keinen Titel, P *Ditz bvch heizet vuchs Reinhart*, K *Ditz ist fuchs Reinhart genant*. Das stimmt zu dem Tatbestand, daß der Fuchs der Held ist und kein anderer, wie es auch die Einleitung ausspricht (v. 1—10), und wie es der Schreiber von S indirekt bezeugt, indem er allein den Namen Reinhart abkürzt, alle anderen ausschreibt. In der älteren Tierdichtung (Ecbasis, Ysengrimus) steht der Wolf im Vordergrund. Aus der eben behandelten Stelle über den Verfasser haben Wackernagel[1]), E. Martin[2]) und Wallner[3]) geschlossen, daß das deutsche Gedicht in Fortsetzung dieser Tradition, wenn auch im Gegensatz zu dem Sachverhalt, nach dem Wolf benannt war:

> der hat die buch zesamene geleit
> von Isengrines arbeit

sagt P 1789f.,

> er hat *diu buoch gesamenot* (oder *gedihtot*)
> *umbe* Isingrines not, S.

Der Dichter, der den Nibelungenhort kennt, der in der Erzählung vom Ameisenkönig, der sein Volk rächt, Ton und Ethos der Heldendichtung verspottet, habe mit dem Titel *Îsingrines Nôt* der *Nibelunge Nôt* (das wäre die ‚ältere Not‘) parodiert. Daß der pathetische Ausdruck ironisch gemeint ist, liegt nahe, auch daß in diesen Versen eine ältere Tradition sich mit dem Inhalt des Gedichtes selbst überkreuzt. Daß v. 1790 den offiziellen Titel geben soll, läßt sich nicht mit Sicherheit behaupten.

In den Schlußversen 2250—2261 äußert sich der Bearbeiter über seine eigene Leistung und sein Verhältnis zu dem älteren Gedicht. Er hat *daz mære* gelassen, wie es zuvor war, aber er hat die Verse (*rîme*) den Forderungen seiner Zeit angepaßt. Über die Freiheiten, die sich S in dieser Hinsicht erlaubt, war oben (S. Vf.) die Rede. Der Bearbeiter hat einerseits Verse mit einsilbigen Takten aufgefüllt — *an sumeliche[ ] rime sprach er me, danne e dran were gesprochen*, anderseits Verse mit drei- und mehrsilbigen Takten oder mit mehrsilbigem Auftakt gekürzt — *ouch hat er abegebrochen ein teil, da der worte was ze vil*[4]).

2. Das Gedicht ist durchsetzt mit Anspielungen auf offenbare Zeitereignisse, die man gehofft hat, für die Datierung ausnutzen zu können,

---

[1]) Kleinere Schriften 2, 297.
[2]) Zur Geschichte der Tiersage im Mittelalter (= Prager dt. Stud. H. 8), Prag 1908, S. 273ff.
[3]) ZfdA 47, 1923, 196ff.
[4]) So haben Grimm, Rein. F. S. 114, Schönbach, v. Bahder, Reißenberger, Baesecke die Stelle aufgefaßt. Grimm hat die Möglichkeit erwogen, 225) *n* statt *an* zu lesen: ‚er ließ das Gedicht bestehen, wie es war, nur daß er einige Reime mehr dichtete , aber er hält dann doch *an* für richtiger. Neuerdings ist Wallner, Beitr. 47 S. 220, wieder für *an* eingetreten.

doch weisen sie nur allgemein auf das letzte Viertel des 12. Jh.s und erlauben keine speziellere Eingrenzung. Räumlich deuten zwei auf das Elsaß.

a) v. 1024ff. wird Herr Walther von Horburg erwähnt, dessen Name in Urkunden Friedrichs I. von 1153 und 1156 erscheint. Die Horburg, bei Kolmar im Elsaß, wurde i. J. 1162 von Graf Hugo von Dagsburg im Bunde mit Bischof Stephan von Metz und Herzog Berthold von Zähringen, ausgesprochenen Gegnern des Kaisers, zerstört und die Besatzung gefangen genommen. Der Kaiser selbst befreite später die Gefangenen, indem er Girbaden, eine Feste des Grafen Hugo, eroberte[1]). Walther von Horburg hat offenbar als Gönner oder Freund dem Dichter irgendwie nahegestanden. Ist es zu viel, wenn man angesichts seiner ausgesprochen kaisertreuen Einstellung die gleiche Gesinnung auch für Heinrich voraussetzt? Das würde dann aber verwehren, mit Baesecke in der Kritik an König Vrevel eine Kritik an Barbarossa zu sehen[2]).

b) v. 2123ff. berichten, wie auf Reinharts Bitte der König das Kamel von Tuschelan mit der Abtei Erstein (ersten P, die Konjektur von Grimm) belehnt. Auch Erstein liegt im Elsaß, 'unweit von Benfelden an der Ill, eine halbe Stunde vom Rhein entfernt' (Reißenberger). Die Annahme liegt nahe, daß hier auf ein Ereignis aus der Lokalgeschichte angespielt wird; aber die näheren Beziehungen lassen sich nicht mehr fassen[3]).

c) v. 2102ff.: Wie das Kamel mit Erstein, so wird der Elefant auf Reinharts Bitte vom König mit Böhmen belehnt und macht dabei schlimme Erfahrungen. Wirren um die Herzogswürde hat es in Böhmen von 1173 bis zu Barbarossas Aufbruch zum Kreuzzug (1189) mehrfach gegeben, und daß die Elefantenbelehnung nur die allgemeine, in einer den Ereignissen geographisch fern liegenden Landschaft umgehende Ansicht über dortige Zustände widerspiegelt, ist mir wahrscheinlicher als die Festlegung auf eine bestimmte Persönlichkeit.

In Frage kommen[4]) Herzog Sobeslaw (II.), gestorben nach 1180, und Herzog Friedrich, gestorben 1189. Im Jahre 1173 übergab der von Barbarossa 1158 zum König erhobene vormalige Herzog Wladislaw seinem Sohne Friedrich die Krone, ohne die Einwilligung des Kaisers und der

---

[1]) W. v. Giesebrecht, Gesch. der dt. Kaiserzeit, 5. Bd., Leipzig 1870, S. 346f.; E. Martin, Zur Gesch. der Tiersage S. 273ff.

[2]) ZfdPh 52, 10.

[3]) J. Meier (Beitr. 18, 1894, 205—207) macht darauf aufmerksam, daß die Abtei Niedermünster unweit von Erstein ein Kamel im Wappen führte. Das Kamel könne also Niedermünster bedeuten und einen Versuch, die Freiheit von Erstein von seiten Nieder-Münsters aus anzutasten. Dagegen hält Wallner, Beitr. 47, 205ff. und ZfdA 63, 194ff., die Erzählung von der Kamels- wie von der Elefantenbelehnung nicht für Erfindungen des Dichters und Anspielungen auf Zeitereignisse, sondern glaubt, daß sie ‚symbolisch‘ gemeint sein und aus der literarischen Tradition des Tiermärchens stammen.

[4]) Das folgende nach Giesebrecht, Gesch. der dt. Kaiserzeit, 5. Bd. S. 713f.; 907—909; 6. Bd. S. 35ff., 214.

Böhmen einzuholen. Darauf sprach der Kaiser beiden das Herzogtum ab (wahrscheinlich Herbst 1173) und wollte es mit 5 Fahnen an Ulrich, den jüngeren Sohn des ehemaligen Herzogs Sobeslaw (I.), leihen. Dieser wies es zurück zugunsten seines älteren Bruders Sobeslaw (II.). So wurde Sobeslaw mit kaiserlicher Belehnung Herzog von Böhmen. Er fand in Prag günstige Aufnahme, enttäuschte aber den Kaiser politisch, so daß dieser, nachdem er den Herzog mehrere Male vergeblich zur Verantwortung gefordert hatte, i. J. 1177 in Italien den einstmals von ihm abgesetzten Friedrich mit dem Herzogtum belehnte, welches er sich freilich erst erobern mußte. Friedrich gewann Bundesgenossen gegen Sobeslaw: Herzog Leopold von Österreich und Konrad-Ott von Znaim, auch einheimische böhmische Mißzufriedene. 1178 kehrte er aus Italien zurück, und nach vorhergegangenen anderen Kämpfen kam es i. J. 1179 unter den Mauern von Prag zur Schlacht; Sobeslaw wurde völlig geschlagen, verließ Ende des Jahres das Land und starb bald darauf.

Friedrichs Herrschaft in Böhmen war nicht beliebt. 1182 bildete sich in Prag eine Verschwörung gegen ihn; er flüchtete zum Kaiser. Der Kaiser lud die Aufständischen zum Tag von Regensburg im September 1182. Sie unterwarfen sich, und Friedrich wurde wieder als Herzog anerkannt. Doch hatte er auch in der Folgezeit mit unzufriedenen Großen zu kämpfen. Er starb im März 1189.

Man sieht: um die Ereignisse mit dem Reinhart Fuchs in Übereinstimmung zu bringen, muß man aus größerem Abstand sehen und zusammenziehen: Sobeslaw, 1173 vom Kaiser belehnt, zunächst gut in Prag aufgenommen, erst 1179 durch einen neuen Fürsten mit Hilfe der Einheimischen für immer vertrieben; Friedrich (nach dem Vorspiel von 1173) 1177 belehnt mit dem Herzogtum, das er sich erobern muß und mit Hilfe der Einheimischen erobert (1179), erst drei Jahre später durch Aufstand vertrieben, aber nur auf ein halbes Jahr, und von da ab 7 Jahre im Besitz der Herrschaft — selbst wenn man den knappen Bericht des Dichters im Jahre 1182 zwischen dem böhmischen Aufstand und dem Tage von Regensburg entstanden glaubt, wie es Baesecke tut, decken sich die Geschehnisse nicht, und man muß die an sich so erwünschte genaue Datierung leider fallen lassen.

3. Es bliebe die Frage nach der dichterischen Individualität Heinrichs. Ihre Beantwortung ist verbunden mit der Quellenfrage.

Das Verhältnis des mhd. Gedichts zu dem französischen Roman de Renart ist nicht völlig geklärt: war die Sammlung von Tierschwänken, die unter dem Namen Roman de Renart geht, in der Form, wie sie uns erhalten ist[1]), die Quelle Heinrichs, oder hat er ältere, jetzt verlorene Branchen benutzt, deren überarbeitete Gestalt im Roman de Renart vorliegt?

---

[1]) Le Roman de Renart ed. E. Martin. 3 Bände. Straßburg 1882—1887.

Die ältere Forschung, von J. Grimm ausgehend, vertrat die letztere Ansicht[1]). Als erster widersprach dem Paulin Paris[2]), ihm schloß sich Martin nach Veröffentlichung seiner Renart-Ausgabe an[3]), weiter H. Büttner[4]). Dagegen suchte K. Voretzsch zu beweisen, daß der Reinhart Fuchs altertümlicher sei als die entsprechenden Branchen des Roman de Renart und deshalb auf verlorenen Fassungen beruhen müsse[5]). Die Originalität der erhaltenen Renart-Branchen hat, in Fortsetzung von Martins Gedankengängen, am entschiedensten vertreten Lucien Foulet[6]): sie sind nach ihm verschiedenen Alters, um 1170 die ältesten, um 1205 die jüngsten, die ältesten sind die Vorlage des Reinhart Fuchs: ‚le Reinhart Fuchs est une traduction libre de nos plus anciennes branches françaises, et nous avons conservé l'original aussi bien que la copie.'

Der größere Teil der Forschung hat sich Voretzsch angeschlossen, aber die Lösung des Problems steht der germanistischen Seite nicht zu.

Wenn die Quelle des mhd. Dichters nicht der erhaltene Roman de Renart war, sondern ältere für uns verlorene Branchen, so besteht allerdings keine Möglichkeit, seine Leistung abzumessen. Wer, wie Foulet, die erhaltenen Renart-Branchen für die direkte Vorlage des Reinhart Fuchs hält, darf die Kompositionsgabe, die Fähigkeit zu verbinden und zu erfinden, die Charakterisierungskunst und die Unabhängigkeit des deutschen Dichters bewundern — die Komposition[7]) und einen gewissen Grad von Unabhängigkeit übrigens auch, wenn eine ältere französische Fassung die Vorlage bildete, denn diese dürfte nicht geschlossener gewesen sein als die erhaltene, und eigene Erfindungen scheinen Kamels- und Elefantenbelehnung, sowie die Erzählung vom Tode des Königs zu sein, und nach dem Vorbild des deutschen Rechtsgangs ist der Hoftag geschildert[8]).

Nach eigenster Erfahrung könnten die Klagen über die Falschheit und Bestechlichkeit der Welt (992ff., 2069ff.) klingen, über das Ansehen des Schlechten und die Mißachtung des Getreuen bei Hofe (2177ff.) — aber die Hofsatire ist zugleich typisch für die Tierdichtung. Persönliches Urteil spricht dagegen aus dem Spott über das Minnewesen mit seiner doppelten Moral (839—844, 414ff.) und seinem Übergreifen auf den geistlichen Stand (1726—1728 P), der sich geschickt der zugehörigen Termino-

---

[1]) J. Grimm, RF S. CXXXIXf., Sendschreiben S. 6; Wackernagel, Kl. Schr. II 295f.; Jonckbloet, Étude sur de Roman de Renart, Groningen 1863, S. 68ff.
[2]) Les aventures de maître Renart et d' sengrin . . . Paris 1861.
[3]) Observations sur le Roman de Renart. Straßburg 1887.
[4]) Die Überlieferung des Roman de R. und die Handschrift O. Straßburg 1891.
[5]) ZfrPh 15, 1891, 124—182. 344—374; 16, 1892, 1—39 und in der Einleitung zu Baeseckes Ausgabe des Reinhart Fuchs von 1925 S. XIXff., wo er alle Argumente zusammenfaßt und auch gegen Foulet Stellung nimmt.
[6]) Le Roman de Renard (= Bibl. de l'école des hautes études sciences philol. 211). Paris 1914.
[7]) Vgl. auch Baesecke, ZfdPh 52, 1ff.
[8]) E. Klibansky, Gerichtsszene und Prozeßform in erzählender deutscher Dichtung (= Germ. Stud. 40). 1925.

logie bedient: *hôher muot, friunt, friundinne, hobischer, amîs, amîe, hulde*, wie auch aus der Persiflierung der ritterlich-heroischen Welt und ihres Tones (s. o. S. XV). Die Reaktion eines nüchternen und natürlichen Sinnes gegenüber den Verstiegenheiten und der Unwirklichkeit der ausgeprägt höfischen Poesie? Auch dies würde für nicht zu frühen Ansatz sprechen. Aber immer wieder ist zu bedenken, daß vieles von diesen scheinbar persönlichen Zügen durch die Gattung bedingt sein kann.

Auffallend sind die sehr heftigen Angriffe gegen den geistlichen Stand und kirchlichen Brauch: Diebrehts Abenteuer mit dem Pfaffen und seinem Weib (1689ff. P); die blasphemischen Reden des Priors über den Wolf (1009ff.); der Spott über das Kamel als Äbtissin; am stärksten die Heiligsprechung des Huhns auf Grund der Fieberphantasien des Hasen. Wohl stammt die Tierdichtung aus klösterlicher Tradition, aber hier scheint sie sich davon losgelöst zu haben, und man möchte den Dichter für einen Mann weltlichen Standes halten. Ob der Titel *her*, den der Bearbeiter ihm gibt, ihm zukommt, bleibt fraglich[1]).

4. Nachleben.

Das Gedicht hat kein Nachleben gehabt. Die gesamte reiche spätere Reinhart- oder Reineke-Dichtung in niederländischer und deutscher Sprache bis auf Goethes Reineke Fuchs von 1794 geht zurück auf den mittelniederländischen Reinaert und dieser auf den altfranzösischen Renart[2]).

IV. Ausgaben. Literatur, soweit sie nicht im Vorhergehenden angeführt ist

Koloczaer Codex altdeutscher Gedichte hrsg. von Johann Nep. Grafen Mailáth und Johann Paul Köffinger. Pesth 1817, darin der Reinhart Fuchs S. 357—420.

Reinhart Fuchs von Jacob Grimm. Berlin 1834, S. 25—114: P.

Sendschreiben an Karl Lachmann von Jacob Grimm über Reinhart Fuchs. Leipzig 1840: S.

Reinhart Fuchs hrsg. von Karl Reißenberger (= Altdeutsche Textbibl. Nr. 7). 1. Aufl. Halle 1886: P und S unter Heranziehung von K.

Reinhart Fuchs hrsg. von demselben. 2. Aufl. Halle 1908: P und S unter Heranziehung von K.

Teildruck mit kurzer Inhaltsangabe nicht gedruckter Partien durch P. Piper, DNL 2, 1 S. 293—315. [Nicht zu meiner Verfügung.]

Heinrichs des Glichezares Reinhart Fuchs hrsg. von Georg Baesecke mit einem Beitrage von Karl Voretzsch (= Altdeutsche Textbibl. Nr. 7). Halle 1925.

---

[1]) H. Schneider, Heldendichtung, Geistlichendichtung, Ritterdichtung, 2. Aufl., 1943, S. 250: ‚Er war ein Herr — der erste unter unseren vorhöfischen Epikern.'

[2]) Van den vos Reinaerde critisch uitgegeven door J. W. Muller. Tweede... druck. Leiden 1939. Inleiding. Stemma auf S. 54.

Übersetzung: Georg Baesecke, Reinhart Fuchs. Das älteste deutsche Tierepos aus der Sprache des 12. Jh.s in unsere übertragen. Halle 1926.

G. Ehrismann, Gesch. d. deutsch. Lit. bis zum Ausgang des Mittelalters. Schlußband, 1935, 1935, S. 348ff.

F. Norman, Heinrich (der Glichezare?) in: Die deutsche Lit. des Mittelalters. Verfasser-Lexikon hrsg. von W. Stammler, Bd. 2, 1936, 267ff.

Ich habe die angenehme Verpflichtung, den Direktionen der Universitätsbibliothek Heidelberg und der Landesbibliothek Kassel für die Erlaubnis zur Herstellung von Photokopien der Handschriften P und S meinen verbindlichsten Dank auszusprechen.

Ingeborg Schröbler

Text

[167c] Ditz buch heizet vuchs Reinhart.
Got gebezzer vnser vart

UErnemet vremde mere,
  die sint vil gewere,
von eime tiere wilde,
da man bi mag bilde
5 nemen vmme manige dinch.
iz keret allen sinen gerinch
an trigen vnd an chvndikeit,
des qvam iz dicke in arbeit.
Iz hate vil vnchvste erkant
10 vnd ist Reinhart vuchs genant.
  Nv sol ich evch wizzen lan,
wa von die rede ist getan.
ein gebvre vil riche
der saz gemeliche
15 bei einem dorfe vber eim velt,
da hat er erbe vnde gelt, / [167d]
korn vnde hirsez genvc,
vil harte eben gienc sin pfluc.
der was geheizen Lanczelin,
20 babe Rvczela daz wip sin.
er hatte eine groze clage:
er mvste hvten alle tage
siner hvner vor Reinharte.
sin hove vnde sin garte
25 waz niht bezvnet zv vrvmen.
da von mvst er dicke kvmen
zv schaden, den er vngerne sach.
babe Rvnzela zv im sprach:
'alder govch Lanzelin,
30 nv han ich der hvner min
von Reinharte zehen verlorn,
daz mvet mich vnde ist mir zorn.'
meister Lanzelin was bescholten,
daz ist noch vnvergolten;

Überschrift Ditz ist fuchs Reinhart genant got helf uns in sin lant *K.*   1 UEr
nemet] *Initiale herausgehoben.*   10 genät.   11 Nv] *Initiale herausgehoben.*
evch] uch *K.*   13 vil rechte riche *K.*   16 vn̄.   17 vn̄.   19 lanczelin.
20 ruczela *P,* Runtzela *K.*   24 vn̄.   25 bezevnet *K.*   26 kvm̄.   28 Runt-
zela *K.*   , 29 lanzelin.   31 v'lorn. vn̄.   33 lanzelin.   34 vnv'golten.

---

9 hate] hat[ ] *Bae, L.*   14 gemechliche *Schr*₁.   33/34 *nach L eventuell*
zu vertauschen, 34 *mit zu der Scheltrede zu ziehen.*

35 doch er des niht enliez,
er tete, als in babe Rvnzela hiez:
einin zvn macht er vil gvt,
dar inne wand er han behvt
Scanteclern vnde sin wip,
40 den riet Reinhart an den lip.
eines tages, do di svnne vf gie,
Reinhart do niht enlie,
ern gienge zv dem hove mit sinnen:
do wolt er einer vnminnen
45 Scanteclern bereiten,
ovch brachten zv erbeiten.
der zvn dovcht in zv dicke vnde ze hoch,
mit den zenen er dannen zoch
einen spachen vnde senete sich do.
50 als er niman sach, des was er vro.
nu want er sich dvrch den hag,
vil nahen er Schanteclere lag,
sin verchvint Reinhart.
die henne Pinte sin gewar wart.
55 Scantecler bi der want slief,
vor Pinte schre: 'er!' vnde rief / [168a]
vnde vloch bi eine swellen
mit andern iren gellen.
Scanteclér qvam gerant
60 vnde hiez si wider zv der want
strichen vil schire:
'irn dvrft vor keinem tiere
nimmer vf erwarten
in disem bezvntem garten.
65 doch bitet got, vil liben wip,
daz er mir beschirme minen lip.
mir ist getrovmet sware,
daz sag ich evch ze ware,
wie ich in einem roten bellitz solte sin,

36 Runtzela K.   38 wan er hat K.   39 Scanteklern K. vn̄.   40 liet]
het K. reinhart.   43 ze K.   44 vnminnē.   45 Scanteklern K.   47 tzun
K. vn.   49 Sinen. vn̄.   52 Schanteklcren K.   53 reinhart.   54 pinte.
56 pinte. vn̄.   57 vn̄.   60 vn̄.   68 uch K.

40 riet Gr, vB, Bae, gie R.   46 brachtern R, Bae.   49 einen R,
Bae. senete] entweder zu senewe 'nervus': 'er dehnte, spannte, streckte sich' oder
senete Gr, smucte Sch, spehete [sich] vB, denete R, tucte Bae, seinete 'er verzog'
oder sömte W₁, W₂.   56 er] her R, Bae.   63 iuwer, uwer warten vB, R,
Bae.   64 bezunten vB, R.

70 daz hovbetloch was beinein.
 ich vurchte, daz sin arbeit.
 dem heiligen engel sei iz geseit,
 der erschein mirs zv gvte!
 mir ist swere ze mvte.'
75 vrowe Pinte sprach: 'er vnde trvt,
 ich sach sich regen in ienem chrut:
 mich entrigen mine sinne,
 hi ist ich enweiz was vbeles inne.
 der riche got beschirme dich!
80 mir gat vber erklich.
 mir growet so, ich vurchte, wir
 ze noten komen, daz sag ich dir.'
 Scantecler sprach: 'sam mir min lip,
 mer verzaget ein wip,
85 danne tvn viere man.
 dicke wir vernvmen han,
 daz sich erscheinet, daz ist war,
 manic trovm vber siben iar.'
 vor Pinte sprach: 'lazet ewern zorn
90 vnde vliget vf disen dorn.
 gedenket wol, daz unser kint
 leider harte cleine sint.
 verlusest dv, herre, dinen lip,
 so muz ich sin ein rvwic wip
95 vnd vmberaten immer mer.
 mir tvt min herze vil wundern we[ ], / [168b]
 wen ich so sere vurchte din.
 nv beschirme dich vnser trehtin!'
 Scantecler vf den dorn vloch,
100 Reinhart in er abe trovch.
 Pinte schire vliende wart,
 vnder den dorn lief Reinhart.
 Scantecler im ze hohe saz,
 Reinhart begonde in im daz
105 sine liste, die er hat.
 er sprach: 'wer ist, der da vf stat?

70 bemein K.   75 pinte. vn.   76 iene.   77 entriegen K.   78 ine.
80 herklich K.   86 v'nomen.   89 last iwern K.   90 vn.   93 v'lvsest.
h're.   95 mer]r nachgetragen.   96 h'ze. wund'n. wer]r nachgetragen.   99 Scan-
teler. vlouch K.   100 herab K. 103 ze hone K.   104 in im daz PK.

bistv daz, Sengelin?'
'nein ich', sprach Scantecler, 'ich enpin;
also hiez der vater min.'
110 Reinhart sprach: 'daz mac wol sin.
nv rewet mich dines vater tot,
wen der dem minnisten ere bot;
wan trewe vndir kvnne
daz ist michel wunne.
115 dv gebares zv vntare,
daz sag ich dir zware.
din vater was des minen vro,
ern gesaz svst hohe nie also,
gesæch er den vater min,
120 erne vlvge zv ime vnde hiez in sin
willekvmen, ovch vermeit er nie,
ern swunge sine vitichen ie,
iz were spate oder vru,
die ovgen tet er beide zv
125 vnde sang im als ein vrolichez hvn.'
Scantecler sprach: 'daz wil ich tvn,
iz larte mich der vater min:
dv solt groz wilkvmen sin.'
die vitich begond er swingen
130 vnde vrolich nider springen.
des was dem toren ze gach,
daz gerowe in sere dar nach.
slinzende er singende wart,
bi dem hovbete nam in Reinhart.
135 Pinte schrei vnde begonde sich missehaben,
Reinhart tet niht danne draben / [168c]
vnde hvb sich wundernbalde
rechte hin gegn dem walde.
den schal vernam meister Lanzelin,
140 er sprach: 'owe der hvner min!'
Scantecler sprach ze Reinharte:

107 Gengelin *K.*   111 reuwet mich dines vaters *K.*   112 minnistē.
113 kvn̄e.   118 erⁿ *P,* er *K.*   119 gesehe *K.*   120 ern vluege zu im *K.*
vn̄ *P,* und *K.*   121 willekvmē. v'meit.   122 vitchen *K.*   125 vn̄.   128 wille-
kumen *K.*   129 begonde *K.* swingē.   130 vn̄.   134 houbt *K.*   135 vn̄.
misse habē.   138 reht *K.* gegen *K.*   139 v'nam. lanzelin.

133 blinzende *Bae.*   136 niht wan draben *Gr,* niht wan danne dr. *R, W₂,*
niht danne *in Ordnung, da nach* niht *frühzeitig* danne *für* wan *eintritt* vB.

131 f.: *auf Freidank 116, 19 f.:* mir ist zu manegen dingen gâch, daz mich
beriuwet schiere dernâch *verweist W 3.*

'war gahet ir svst harte?
wes lazet ir evch disen gebvr beschelten?
mvgt ir iz im niht vergelten?'
145 'ia ich, sam mir!', *sprach* Reinhart,
[ ] 'ir gat ein vppige vart.'
Scantecler was vngerne do.
als er im entweich, da want er sam vro
den hals vz Reinhartes mvnde.
150 er vlovc zv der stvnde
vf einen bovm, do er genas.
Reinhart harte trvric was.
zv hant Scantecler sprach,
do er Reinharten vnder im sach:
155 'dv hast mir gedinet ane danc,
der weck dovchte mich ze lanc,
da dv mich her hast getragen.
ich wil dir fvrwar sagen:
dvne brengest mich dar wider niht,
160 swaz darvmme mir geschiht.'
Reinhart horte wol den spot,
er sprach: 'er ist tvmb, sam mir got,
der mit schaden richit,
daz man im gesprichit,
165 oder swer danne ist claffens vol,
so er von rechte swigen sol.'
do sprach Scantecler: 'er were
weizgot nicht alwere,
swer sich behvtete ze aller zit.'
170 do schiet sich der spot vnde ir strit.
meister Lanzelin gienc da her nach,
Reinharten wart dannen gach.
im was ane maze zorn,
daz er hatte verlorn
175 sin inbiz, daz er wande han.
vil harte in hvngern began. / [168 d]
Do gehort er ein meyselin.

---

143 geburen *K.* beschelt P, schelden *K.* 144 v'gelten. 145 ia ich
sam mir reinhart. 146 sprach er ir gat. 148 do *K.* wart er sam vro *PK.*
153 Scanteler. 154 vnd'. 159 wid'. 170 vn̄. 171 lanzelin. do *K.*
h'nach. 174 v'lorn. 177 do. meischin *K.*

145/6 *nach* W₂, *der letzte Teil der Rede an den Bauern gerichtet.* 147 da
vB, Bae. 148 entweich] *'von ihm abließ, locker ließ' vB,* 'nachgab' *(mit den
an den Bauern gerichteten Worten 146) L, Bae,* entleip *Sch, R,* als er [ ] enswe̊ic
W₁. want er sa [ ] *vB, R, Bae,* W₁.

er sprach: 'got grv̇ze evch, gevater min!
ich bin in einem geluste,
180 daz ich gerne chvste,
wan, sam mir got der riche,
dv gebares zv vremdicliche.
gevatere, dv solt pflegen trĕwen!
nv mv̇ze iz got rewen,
185 daz ich ir an dir niht envinde!
sam mir die trewe, die ich dinem kinde[ ]
bin schvldic, daz min bate ist,
ich bin dir holt ane arge list!'
die meyse sprach: 'Reinhart,
190 mir ist vil manic vbel hart
von dir gesaget dicke.
ich vurchte din ovgenblicke,
di sint grv̇lich getan.
nv laz si ze samen gan,
195 so kvsse ich dich an dinen mvnt
mit gvtem willen dristvnt.'
Reinhart wart vil gemeit
von der cleinen leckerheit,
er vrevte sich vaste.
200 dannoch stvnt sin gevatere ho vf einem aste
Reinhart blinzete sere
nach siner gevatern lere.
ein mist si vnder irn fvz nam,
von aste ze aste si qvam
205 vnde liez ez im vallen än den mvnt.
do wart ir vil schire chvnt
irz gevatern schalkeit:
die zene waren ime gereit,
daz mist er do begripfte,
210 sin gevater im entwischte.
er hat harte grozen vliz
vm einen swachen inbiz.
des wart er trvric vnde vnvro,
er sprach: 'herre, wie kvmt ditz so,

---

178 uch *K.*   184 muz *K.*   186 dinē kĭdē.   193 greulich *K.*   194 laẑe *K.*
195 dinē.   200 dănoch stṽt. gevat͘e. einē.   203 einen *K.* iren *K.*   205 vñ.
liezes *K.*   208 ime] e *nachgetragen.*   209 *vor* begripfte *Ansatz zu einem*
Buchstaben.   213 vñ.

---

180 ich *dich* gerne *vB.*   190 ubel [ ]art *Bae.*   198 *wan der* cl. l. (*wenn*
nicht die Gaunerei, Schlauheit der Kleinen gewesen wäre) *W₂.*   209 begriptte]
vgl. keoriftiu ist erepta est, *Al. Ps. 123, 7, Steinmeyer, Sprachdenkm. 296, 8 Bae.*

215 daz mich ein voglin hat betrogen?
    daz mvet mich, daz ist vngelogen.' / [169a]
     REinhart kvndikeite pflac,
    doch ist hevte niht sin tac,
    daz iz im nach heile mvge ergan.
220 do sach er vil ho stan
    einen raben, der hiez Dizelin,
    der hatte mit den listen sin
    einen newen kese gewunnen.
    des begond er im vbel gvnnen,
225 daz er in solde pizin an in.
    do kart er allen sinen sin,
    daz ern im abe betrvge
    mit einer kvndiclichen lvge.
    Reinhart vnder den bovm saz,
230 da der rabe den kese vf gaz.
    er sprach: 'bist dv diz, Dizelin?
    nv frewet sich der neve din,
    daz ich dich bi mir han gesehen,
    mir en mochte liber niht geschehen
235 an deheiner slachte dinge.
    ich horte gerne din singen,
    ob ez were dines vater wise,
    der klafte wol ze prise.'
    do sprach Dizelin:
240 'ichn schelte nicht den vater min.
    vur war sag ich dir daz:
    izn gesanc nie dehein min vordern baz,
    den ich tvn, des bin ich vro.'
    lvte began er singen do,
245 daz der walt von der stimme erdoz.
    Reinhartes bete wart aber groz,
    daz er erhorte sine wise.
    do vergaz er vf dem rise
    des keses, do er erhvb daz liet.
250 done wande Reinhart niht,
    ern solde inbizin san ze stvnt.
    der kese viel im vur den mvnt.

---

216 *auf der Photographie nicht mehr zu sehen als* vngelog.   220 hoch *K.*
221 Raben.   224 begund *K.*   225 bizin *K.*   227 ab *K.* betrvge] be *über-*
geschrieben.   230 Rabe.   234 geschen *K.*   236 din] *nachgetragen, fehlt in K.*
237 dich ob *K.*   242 kein *K.*   245 ⁿerdoz] er *nachgetragen.*   250 donen *K.*
251 in bizin. ern scholde in bizin sazestunt *K.*   252 vil *K.* vur] *überge-*
schrieben über gestrichenes vz. dem mvnt.

---

251 ern] er *Bae.*   252 den *Bae.*

Nv horet, wie Reinhart,
der vngetrewe hovart,
255 warb vmb sines neven tot.
daz tet er doch ane not. / [169b]
Er sprach: 'lose, Dizelin,
hilf mir, trvt neve min!
.dir ist leider miner not niht kvnt:
260 ich wart hvte vrowe wunt;
der kese liet mir ze nahen bi.
er smecket sere, ich vurcht, er si
mir zv der wunden schedelich.
trvt neve, nv bedenke mich!
265 dines vater trewe waren gvt,
ovch hore ich sagen, daz sippeblvt
von wazzere niht vertirbet.
din neve alsvst erstirbet.
daz macht dv erwenden harte wol.
270 vom stanke ich grozen kvmmer dol.'
Der rabe zehant hinnider vlovc,
dar in Reinhart þetrovc.
er wolde im helfen von der not
dvrch trewe, daz was nach sin tot.
275 Reinhart heschen began.
der rabe wolde nemen dan
den kese, er wandes haben danc.
Reinhart balde vf spranc,
gelich als er niht were wunt.
280 do tet er sinem neven kvnt
sin trewe, ern weste niht, was er an im rach:
vil er im do vz brach
der vedern, daz er im entran mit not,
der neve was Reinharte ze rot.
285 do wolde vlihen Reinhart.
do was kvmen vf sine vart

---

254 ungetriwe hochvart *K*. 266 daz sippe blvt] *zwischen* daz *und* sippe *zwei Buchstaben übergeschrieben, ebenso über dem* e *von* sippe; *über dem* v *von* blvt *ein* v. 267 wazzer *K*. 270 von *K*. kv̄mer. 271 Rabe. hin nider. 276 Rabe. 277 danc] *dahinter ein* k. 278 spranc] *dahinter ein* k. 281 an I *P*. sin triwe ern weste niht von solcher geschiht wa er an im rach *K*. 283 mi not] *ein* t *über* m, *ein zweites zwischen* i *und dem ohne Zwischenraum folgenden* not. 284 reinharte.

---

254 hovart ← hofwart, '*zum Schmähwort abgenutzt: der tückische Kettenhund*' *W₂*. 260 vru *Bae*. 282 vir *R, Bae* (*R. de Ren. II 991* qatre des penes). 284 dem neven was Reinhart ze rot *Gr, vB, R, Bae*. 285 vlihen] imbizen *R, Bae; vielleicht* do enwolde vlihen?

ein ieger mit hvnden vil gut,
des wart trvric sin mvt.
er liez in svchen viere,
290 die vunden in vil schire.
den inbiz mvst er da lan,
sin neve svlt in von rechte han.
do sprvngen an in die hvnde.
swaz sin neve kvnde
295 ze tvn, daz im tete we,
daz tet er: vaste er vf in schre, / [169c]
wan erzvrnet was sin mvt.
er sprach: 'daz ein gebvr dem andern tvt,
kvmet dicke lon, des hore ich iehen.
300 neve, also ist evch geschen.'
Reinhart vme die hvnde lief,
der rabe ovch die wile niht enslief,
er wisete die hvnde vf sinen zagel.
ern dorfte niht haben erklichern hagil:
305 die hvnde begvnden in rvppfen,
der ieger vaste stoppfen.
do was im kvndikeite zit.
er sihet, wo ein rone lit,
dar vnder tet er einen wanc.
310 manic hvnt dar vber spranc.
der ieger hetze balde,
Reinhart gienc ze walde.
    Die katze Diepreht im wider gienc,
Reinhart si al vmbe vienc.
315 er sprach: 'willekvme, neve, tvsent stvnt!
daz ich dich han gesehen gesvnt,
des bin ich vro vnde gemeit.
mir ist von dir snellekeit vil geseit,
daz solt dv mich lazen sehen.
320 ist iz war, so wil ich iz iehen.'

---

290 vŭnden.   293 *liest* Bae hônde, *aber es ist* v *mit dem Schatten eines Circumflex darüber.*   298 gebure *K.* and'n.   300 uch *K.*   302 Rabe. entlief *K.*   304 grozern *K.*   305 rupphen *K.*   306 stapphen *K.*   311 hetze.
312 Reinhart] *danach Punkt.*   313 Die] *Initiale herausgehoben.* wid˜.   314 sa.
315 wilkume *K.* stŭt.   317 vn.

---

295 *getu* n *Bae.*   306 stoppfen] schupfen *Schr₁* (*vgl.* 789).   311 hetze
Bae.   314 si *Bae.*

---

298 f.: *vgl. Freidank 65. 22: ez dunket mich ein tumber muot, / swer im selben schaden tuot / sîme nâchgel û e ze leide; / ez geriuwets lîhte beide W₂. Wander, Dt. Sprichwörter-Lex. 3, 1873, S. 832 Nr. 161: Wer den Nachbar tritt, leidet selber mit; holl.: wie zijne buren beleedigt, maakt het zich zelven daarna zuur.*

Dipreht sprach do:
'neve Reinhart,' ich bin vro,
daz dir von mir ist wol geseit.
min dinest sol dir sin bereit.'
325 Reinhart vntreͧwen pflac,
er wisete in, da ein drvck lac.
iz was ein bose neveschaft.
'nv wil ich seben dine kraft!'
iz was ein enges phedelin,
330 er sprach: 'nv lovf, trvt neve min!'
Dipreht weste wol die valle.
er sprach: 'nv beschirme mich sente Galle
vor Reinhartes vbelen dingen.'
vber die vallen begond er springen
335 vnde lief harte sere.
an dem widerkere / [169 d]
sprach zv im Reinhart:
'nie kein tier sneller wart,
denne dv, trvt neve, bist.
340 ich wil dich leren einen list:
dv solt so hohe sprvnge ergeben,
dv macht verlisen wol din leben,
bestet dich ein stritiger hvnt.
mir ist svst getan geverte wol kvnt.
345 Dipreht sprach: 'dv endarft noh niht iehen:
'lauf nach mir', ich laz dich sehen
edele sprvnge ane lygen.'
sie woldͤn beide ein ander betrigen.
Reinhart lief sinem neven nach,
350 donen was dem vorderen niht gach.
Dyprecht vber die vallen spranc
vnde gestvnt ane widerwanc.
an sinen neven stiez er sich,

---

324 dienst K.   326 wiset in K. drvck] valle K.   328 sehͤ.   332 sent
K. galle.   333 dingͤ.   334 springͤ.   335 vn̄.   336 wider kere.
342 v'lisen.   345 Diepreht zu Reinharten sprach vnd im des wol veriach du
endarft noch niht iehen K.   348 betrigͤ.   350 vordern K. gach] auf der
Photographie nicht zu lesen, ebenso wie iehen 345.

---

344 geverte] als Nomen actionis aufzufassen wie ahd. gibâgi, mhd. gebrülle, eine
Bildung, die sich mit der Vorstellung des Wiederholten und Lästigen verbinden
kann (Wilmanns 2¹ §192f.; Henzen, Dt. Wortbildung §88): das Aufeinander-
losfahren von Hund und Kater, vgl. Krone 786: der zweier geverte was von êrste
sô starc, daz sich ietweders marc ûf bouc von den stichen; die allgemeinere Be-
deutung: 'was sich zuträgt, Geschehen, Umstände (vgl. Trist. 10576) liegt ferner.
345 dune tarst Gr, du entarst R.

deiswar, daz was niht vnbillich;
355· der vrz im in die vallen qvam.
Diprecht do vrlovp nam
vnde bevalch in Lucifere.
dannen hvb er sich schire.
Reinhart bleib in grozer not,
360 er wante, den grimmigen tot
vil gewislichen han.
do gesach er den weideman,
der die drvch dar het geleit.
do bedorfte er wol kvndikeit:
365 daz hovbet er vf di drvch hieng.
der gebvr lief balde vnde gieng.
die kele was im wiz als ein sne:
vumf schillinge oder me
want er vil gewis han.
370 die axs er vfheben began
vnde slvc, swaz er mochte erziehen.
Reinhart mochte niht gevliehen,
mit dem hovbte wanckt er hin baz,
an der zit tet er daz.
375 der gebvr slvc, daz die drvhe brach, .
Reinharte nie liber geschach: / [170 a]
er wonte han verlorn daz leben,
sine kel was vm vunf schillige geben.
Reinhart sich niht sovmte,
380 die herberge er rovmte,
in dvchte da vil vngemach.
der gebvr im iemerliche nach sach,
er begonde sich selben schelden,
er mvste mit anderm gvte gelden.
385   Do Reinhart die not vberwant,
vil schire er den wolf Ysengrin vant.
do er in von erst ane sach,
nv vernemet, wie er do sprach:

355 vallē.   357 vn̄.   358 hup er sich gewere *K*.   362 weide man.
365 hvb.   366 balde] *mit Zeichen am Rande nachgetragen, auf der Photographie
kaum sichtbar.* vn̄. gebure lief unde balde gieng *K*.   370 axe *K*.   371 vn̄.
erzihen *K*.   372 mohte *K*. gevlihen *K*.   373 wankte *K*. baz] *auf der
Photographie nicht zu lesen.*   375 gebure *K*. brach] *auf der Photographie nicht
zu lesen.*   376 lieber *K*.   377 v'lorn.   378 gebē *P*, gegeben *K*.
382 iemerlich *K*.   383 selbe *K*.   385 Do] *Initiale herausgehoben.*   386 den
h wolf ysengrī vāt *P*, den wolf vant Isengrin *K*.   388 v'nemet *P*, vernemt *K*.

365 hou*pt R*, hou*bet* Bae.

'got gebe evch, herre, gvten tac.
390 swaz ir gebietet vnde ich mac
evch gedinen vnde der vrowen min,
des svlt ir beide gewis sin.
ich bin dvrch warnen her zv ev kvmen,
wan ich han wol vernumen,
395 daz evch hazzet manic man.
wolt ir mich zv gesellen han?
ich bin listic, starc sit ir,
ir mochtet gvten trost han zv mir.
vor ewere kraft vnde von minen listen
400 konde sich niht gevristen,
ich konde eine bvrc wol zebrechen.'
do gienc Isengrim sich sprechen
mit sinem wibe vnde mit sinen svnen zwein.
si wurden alle des in ein,
405 daz er in zv gevatern nam do,
des wart er sint vil vnvro.
Reinhart wante sine sinne
an Hersante minne
vil gar vnde den dinest sin.
410 do hate aber er Ysengrin
ein vbel gesinde zv ime genvmen,
daz mvste im ze schaden kvmen.
eines tages, do iz also qvam,
Ysengrin sine svne zv im nam
415 vnde hvb sich dvrch gewin in daz lant.
sin wip nam er bi der hant / [170 b]
vnde bevalch si Reinharte sere
an sine trewe vnde an sine ere.
Reinhart warb vmb di gevatern sin.
420 do hat aber er Ysengrin
einen vbelen kamerere.
hi hebent sich vremde mere.
Reinhart sprach zv der vrowen:
'gevatere, mochtet ir beschowen
425 grozen kvmmer, den ich trage:

---

389 uch K.   390 vn.   391 uch K. vn.   393 zu uch K. kvm.
394 v'nvm P, her wan ich han vernumen K.   395 wol daz K.   397 list]
im Texte leis *durchstrichen, am Rande* list P, ich bin stark so sit listig ir K.
399 von iwer K. vn vō. listē.   401 ze brechē.   402 isengrim. besprechen K.
403 sinē. vn. sinē svnē zwēnē (*d. h.:* zwein).   408 hersante.   409 vn.
dienst K.   410 ysengrin.   411 zu im K. genvm.   412 kvm.   414 ysen-
grin. sinen sun K.   415 vn.   417 vn.   418 triwe K. vn.   420 ysen-
grin.   422 m'e.

von eweren minnen, daz ist min clage,
bin ich harte sere wunt.'
'Tv zv, Reinhart, dinen mvnt!'
sprach er Ysengrinis wip,
430 'min herre hat so schonen lip,
daz ich wol frvndes schal enpern.
wold aber ich deheines gern,
so werest dv mir doch zv swach.'
Reinhart aber sprach:
435 'vrowe, ich sol dir liber sin,
wer ez an den selden min,
danne ein kvnic, der sine sinne
bewant hat an dirre minne
vnde ivch zv vnwerde wolde han.'
440 Nv qvam er Ysengrin, ir man.
do tet der hobischere,
alse der rede niht inwere.
Isengrin ane rovb qvam,
der hvnger ime die vrevde benam.
445 er saget sinem wibe mere,
wie tewere iz an dem velde were:
'mirn wart nie svlcher not kvnt',
er sprach: 'ieglich hirte hat sinen hvnt.'
Reinhart einen gebur ersach,
450 da von in allen lieb geschach.
er trvg einen grozen bachen,
des begonde Reinhart lachen.
er sprach: 'hort her, er sYengrin!'
'was saget ir, gevater min?'
455 'mocht ir ienes vleischez iet?'
Ysengrin vnde sine diet / [170 c]
sprachen gemeinlichen: 'ia!'
Reinhart hvb sich sa,
do der gebvr hine solde gan.
460 einen vuz begonde er vf han
vnde sere hinken,
er liez den rvcke sinken,
recht als er ime were enzwei.

---

426 minen. mi.   429 ysengrinis P, ysengrines K.   430 h're.   432 wolde K.
436 an der K.   439 vn̄. ovch PK. vnw'de.   440 ysengrin.   441 Do.
442 enwere K.   444 benā.   446 teure K. we˚.   448 sinē.   449 Reinhart]
Initiale herausgehoben. einē gebv̄r.   451 einē.   453 ysengrin.   456 vn̄.
459 gebure hin K.   461 vn̄.   463 enzwei] an z korr.

---

435 sold vB.   438 dîne minne vB, Schr.   439 iuch Gr, dich vB, R, Bae.

3*

der gebvre in vaste aneschrei,
465 den bachen warf er vf daz gras,
nach Reinhartes kel ime gach was.
sin colbe was vreislich.
Reinhart sach vmme sich
vnde zoch in zv dem walde.
470 Ysingrin hvb sich balde:
e dan der gebvre mochte wider kvmen,
so hat er den bachen genvmen
vnd hat in schire vressen.
Reinhartes wart vergessen.
475 der gebvre begond erwinden,
er wande den bachen vinden.
da sach er Ysengrin verre stan,
der im den schaden hatte getan.
done was sin clage niht cleine,
480 ern vant weder vleisch noch gebeine,
wen iz allez gezzen was.
nv viel er nider vf daz gras,
vil vaste klait er den bachen.
Ysengrin begonde lachen,
485 er sprach: 'wol mich des gesellen min!
wi mochte wir baz inbizzen sin?
ich weiz im disez ezzens danch.'
do weste er niht den nachclanch.
Reinhart qvam spilinde vnde geil,
490 er sprach: 'wa ist hin min deil?'
do sprach Ysengrin:
'vrege di gevatern din,
ob si iht habe behalten, des ir wart.'
'nein ich', sprach si, 'Reinhart,
495 iz dvchte mich vil svze.
daz dir got lonen mvze! / [170 d]
vnde zvrne dv niht,
wenne mirs nimmer me geschiht.'
'mich dvrstet sere', sprach Ysengrin.
500 'wollet ir trinken win?'
sprach Reinhart, 'des geb ich ev vil.'

---

464 ane schrei] an *K.*   468 umb.   469 vn̄.   470 ysingrin.   471 wid'
kvm̄.   473 hatte *K.*   474 v'gessen.   475 begonde *K.*   477 ysengrin.
479 donen *K.* niht] *am Rande nachgetragen P, fehlt in K* 479, *steht am Anfang
der nächsten Zeile.*   480 beine *K.*   481 wenne iz *K.*   484 ysengrin.
485 mī.   486 mocht wir *K.*   487 danch] *das* h *nach Bae nachgetragen.*
488 nach clanch] *das letzte* h *desgleichen.*   489 spilende *K.* vn̄.   490 wo *K.*
491 ysengrin.   497 vn̄.   498 wen *K.*   499 spẽch ysengrin.   501 uch *K.*

er sprach: 'dar vmme ich wesen wil
din dinst, di wile ich han ditz leben,
macht dv mir des gnvc gegeben.'
505 Reinhart hvb sich dvrch liste,
da er ein mvnche hof weste.
mit im fvr er Ysengrin,
vor Er[ ]sant vnde die svne sin.
zv der kvfen vurte si Reinhart,
510 Ysengrin da trvnken wart.
in sines vater wise sanc er ein liet,
er versach sich keines schaden niht.
die den win solden bewarn,
di sprachen: 'wie ist ditz svst gevarn?
515 ich wene, wir einen wolf erhort han.'
do qvamin schire sehse man,
der iglicher eine stange zoch.
Reinhart dannen balde vloch.
mit slegen gvlden do den win
520 vor Hersant vnde er Ysengrin,
man schenkete in mit vnminnen.
'mocht ich kvmen hinnen,'
sprach er Ysengrin,
'ich wolde sin immer ane win.'
525 in was da misselvngen.
vber einen zovn si sprvngen,
daz tore was in verstanden.
si entrvnnen mit schanden.
do clagt her Ysengrin
530 den schaden vnde die schande sin:
im was zeblvwen sin lip,
erdroschen was ovch sin wip,
sine svne was ez vergangen nieht;
si sprachen: 'vater, iz was ein vnzitick liet

505 REinhart] *Initiale herausgehoben.* liste.   507 ysengrin.   508 vor
er in sant *PK.* vn.   509 reinhart.   510 ysengrin. trvnken] *davor Rasur
von 2 oder 3 Buchstaben, der letzte Buchstabe ein e,* getrunken *K.*   511 in
sines vaters wise hub er vil lise an vnde sanc er ein lit *K.*   512 v'sach.
515 han] *auf der Photographie schwer zu lesen.*   516 qvamin] *hinter* qvam *eine
Lücke, darin radiertes* en, *dann* sc *radiert, darauf geschrieben* in. sehs *K.*
517 ein *K.*   520 vur *K.* h'sant. vn. ysengrin.   521 schenket *K.* vnminen.
522 mochte ich *K.* kvm.   523 ysengrin.   526 sprvnge.   529 klagt *K.*
der *PK.* ysengrin.   530 vn.   531 ze blvwen *P,* zeblowen *K.*   533 *zwischen*
ovch *und* sin wol *übergeschrieben Bae.* v'gangen. niht *K.*   534 sprach.
vnzitick] *auf der Photographie nur die beiden ersten Buchstaben zu lesen.*

529 her *Gr.*

535 vnde alle die affenheit,
　　daz sol evch vur war sin geseit.' / [171 a]
　　Reinhart do zv in gienc,
　　er sprach: 'was ist dise rede hie?'
　　'weisgot', sprach Ysengrin,
540 'da habe wir viere disen win
　　vil tevre vergolden!
　　ovch hant mich bescholden
　　mine svne, daz ist mir zorn.
　　min arbeit ist an in verlorn.'
545 Reinhart zoch iz zv gvte,
　　er sprach: 'gevater, stẽwert ewerm mvte!
　　ich sag evch gewerliche:
　　redet min pate tvmpliche,
　　daz ist niht wunder, dezswar,
550 von dev er treit noch daz garce har.'
　　　Do schiet Reinhart vnde Ysengrin.
　　vil schire beqvam [ ] Baldewin
　　der Esel Reinharte,
　　er was geladen harte.
555 sin meister liez in vor gan,
　　Reinhart bat in stille stan.
　　er sprach: 'sag mir, Baldewin,
　　dvrch was wilt dv ein mvdinc sin?
　　wie macht dv vor leste immer genesen?
560 woldest dv mit mir wesen,
　　ich erlieze dich dirre not
　　vnde gebe dir gnvc et cetera ✠ . . .

535 vn.　　536 daz sol] *auf der Photographie nur zu lesen* ol. uch K.
539 weisgot] *oder* weistgot. ysengrin.　541 v'golden.　544 v'lorn. _ 546 iwern K.
547 uch K.　　550 no K.　　551 Do] *Initiale herausgehoben.* vn ysengrin P.
do schiet Reinhart vil schire bequam, *darauf et cetera* K.　　552 beqvam
in baldewin.　553—62 *'fehlen in* K. *Die Lücke ist zum Teil mit dem Ende
des Inhaltsverzeichnisses des ganzen Sammelbandes ausgefüllt'* R.　557 baldewin.
559 leiste. imm'.　　562 vñ. gnvc ƻc' ✠. *Darauf zwei leere Zeilen, zu Beginn
der zweiten radiertes* Sinem. — *Über der Seite (171a. b) von jüngerer Hand kursiv:*
vom Fuchß vnd Eynem Eßel.

535 al ledige affenheit W₈.　　562 *Zu der Abkürzung in* P *vgl.* Capelli,
Lexic. abbreviatur. *2. Aufl., 1928, S.* XXI *und* K.

Sinem gevatern er entweich.
Isengrine von dem blvte entsweich.
565 er sprach: 'mich rvwet min lip
vnde noch me min libes wip.
die ist edel vnde gvt,
deswar, vnde hat sich wol behvt
vor aller slachte vppikeit.
570 ir was ie die bosheit leit.
ovch rewent mich die sune min,
di mvzen leider weisen sin,
wen daz di ein mvter hant,
di vuret si wol in daz lant. / [171b]
575 dar zv ich gvten trost han,
si nimet niht keinen andern man.'
dise clage gehorte Kvnnin.
er sprach: 'was ist evch, her Ysengrin?'
'da bin ich vreislichen wunt',
580 sprach er, 'ich wene gesvnt
nimmer werde min lip.
vor leiden stirbet ovch min libez wip.'
Kvnin sprach: 'si entvt.
si enhat sich niht so wol behvt,
585 als ich dich iezv hore iehen.
ich han zwischen iren beinen geschn
Reinhart hat si gevriet,
ichn az noch entranc siet:

---

564 Isengrin *K.*   566 vn̄.   567 vn̄. 568 vn. het *K.*   571 sune] *korr.*
aus sinne.   573 nie muter *K.*   577 kvnnin.   578 uch *K.* ysengrin.
582 ouch min wip *K.*   586 beinē.   588 sit *K.*

---

570 *losheit* W₁.   578 uch *Boe.*   587 gevrit *Bae.*

[VIb (1)] ıc eht daz ... sin?
590 ez gie vz / unde in
   a als ein bescintiz stabilin. /
591   Isingrin horte mere,
   div warin / ime swere.
   er viel uor leide in un/maht,
   er wisse weder was dac / oder naht.
595 des lachete Konin.
   do / kan ze sich her Isigrin.
   er sprach/: 'scraz, ih han arbeit!
   dar zů hast / du mir geseit
   mit lugin leidiv / mere.
600 obe ich so gauch ware,
   daz / ıh ez wolte gelovben,
   ez gienge / dir an div ovgen.
   hate ih dih / hie nidere,
   dv enkomist niemer / widere.'
605 Kůnin antwurte sus, /
   er sprach: 'alter govch, dv bist cus.' /
   Isigrin hulen began.
   frowe Hersint / schiere kam.
   also daten ovch die / sune sin,
610 des frowete sich do Isin/grin.
   weinunde er zů in sprach/:
   'alsus gerne ich ivch nie gesach, /
   liebin sune unde wib:
   io han / ich uerlorn minen lip.
615 daz hat / mir Reinhart getan,
   daz lant ime / an daz lebin gan!
   dar zů hat / mir Kůnin
   genomin minen / sin:
   in mineme grozin siche/tagen
620 begunder mir vbiliv me/re sagin,
   daz ivch Reinhart hate bigele/gen.
   da hate ich nah uerlorn daz / lebin.

589 ıc] *die linke obere Ecke des Pergamentstreifens fehlt.* dc] *danach Rasur von etwa 8 Buchstaben.*   590 n̄ in] *Beginn der neuen Zeile verstümmelt.*
591 sing¹] *wie 590.*   594 od'.   595 kŏnin.   596 kan] '*vielleicht ein letzter m-Strich zerstört*' *Bae.* h' Ising¹n.   601 h] *wie 590.*   604 niem'. wid r.
605 kůnin.   607 sig¹n.   608 h' sint.   610 ising¹n.   612 g'ne. nie] i *übergeschrieben.*   615 R.   617 zů. kůnin.   ●619 siche/agē] *Beginn der neuen Zeile verstümmelt.*   620 begurder] r *aus* n *verbessert.* me/e] *wie 619.*   621 dc. R. bi gele/n] *wie 619.*   622 ich] *übergeschrieben.* in] *wie 619.*

589 daz *gebriutet Bae.*   594 ern *H, Bae.*   618 genomen *Bae.*

mag daz gebrṽtet sin,
590 daz vz gat vnde aber in ?'

Isengrin horte mere,
die ime waren swere.
er viel vor leiden in vnmaht,
ern weste, ob iz wer tag oder naht.
595 des lachte Kvnin.
Do qvam zv sich er Ysengrin,
er sprach: 'scoh, ich han arbeit!
dar zv hast dv mir geseit
mit lvgene leide mere.
600 ob ich so torecht were,
daz ichz ver ware wolde han,
dv mvstiz mir din ovgen lan,
vnde hete ich dich hie nidere,
dv qvemest nimmer widere.'
605 svst antwort im Kvnin:
'ir sit ein tore, er Ysengrin.'
Ysengrin hvlet zehant,
vil schire qvam vor Hersant,
also taten ovch sine svne do,
610 des was er Isengrin vil vro.
weinende er zv in sprach:
'alsvst gerne ich evch nie gesach,
liben svne vnde wip:
ich han verlorn minen lip. / [171c]
615 daz hat mir Reinhart getan.
daz lat im an sin leben gan.
dar zv hat nv Kvnin
genvmen gar die sinne min:
in minen grozen sichtagen
620 begond er mir vbele mere sagen,
daz ir weret worden Reinhartes wip.
ich hatte verlorn nach minen lip,

590 vn̄.   593 i.   594 od.'   595 kvnin   596 ysengrin.
597 schoch K.   601 fur war K.   602 mvst iz.   603 vn̄.   604 nimm'.
605 kvnin.   606 ysengrin.   608 h'sant.   613 vn. 614 v'lorn.   617 kvnin.
620 ubel mer K.   621 wert K.   622 v'lorn.

614 lip] 'ich kann die Vermutung nicht unterdrücken, daß hier (und 1040)
schon in der gemeinsamen Vorlage (von S vnd *P) mîn gelit beseitigt wurde' Schr.

ez ware mir vil sware,
wan // [VIc(2)], daz man lugenaren
625 niht sol ge/lovben.
nu sehint, ih drie ime an / die ovgen.'
Frowe Hersint do sprach/:
'ich bin div Reinharten nie gesach
weiz got / in drin tagen.
630 her Isingrin, ich sol / ivch sagin:
lant iwer asprachen sin/!'
do wart geleidiget Isingrin
beiden/halben, da er was wunt.
do wart / er schiere gesunt.
635 Reinhart zoch sich / zo vestin.
er uorhte vremide / gesti.
ein hus worhte er balde /
uon eineme loche in deme wal/de,
da zoch er sine spise in.
640 eines ta/ges do gie Isingrin
wider daz selbe / hus in den walt,
sin kunber der was / manivalt:
von hungere leit er / arbeit,
ein laster was im aber gereit/.
645   Reinhart was wol beratin:
do hater / gebratin
ale, die irsmacte Isin/grin.
er dachte: 'achach, diz mac wol / sin
vil harte gût spise.'
650 der tras / begunde in wisin
vur sines ge/uaterren ture.
da sazte sich Isingrin / fure.
dar in er bozen began.
Reinhart/, der wunder kan,

                                    ı

---

623 vil] *übergeschrieben.*   625 g/lovben] *Zeilenende verstümmelt.*
627 Frowe] *Initiale herausgehoben.* h'sint. sp] *Zeilenende verstümmelt.*   628 div
R.ᵗᵉⁿ gesach.   630 h'ising¹n.   632 ising¹n.   635 R.   638 wal] *Zeil-*
ende verstümmelt.   640 ising¹n.   641 dc] *übergeschrieben.*   642 kunb' d'.
644 last'. ab'.   645 R.] *Initiale herausgehoben.*   647 ising¹n.   650 d'.
651 ge/uat'ren.   652 ising¹.   654 R. d' wund'.

---

626 drie] *s. Glossar; für einmalige Nebenform von* dröuwen *hält es Lexer 1, 469.*
628 *nie* gesach *Gr, Bae.*   632 geleidiget] *gelidiget = lenitus, sanatus Gr, H, ge-*
lecket vB, Bae.

iz were mir immer swere,
wen daz man einem lvgenere
625 nimmer niht gelovben sol;
ich tröwete ime an trewen weizgot wol.'
vor Hersant do sprach:
'ich bin, di Reinharten nie gesach
weizgot bi drin tagen.
630 her Ysengrin, ich sol evch sagen:
lazet ewer veltsprachen sin!'
da wart gelecket er Ysengrin
beidenthalb, da er was wunt.
do wart er schire gesvnt.
635   Reinhart zoch ze neste,
er vorchte vremde geste.
ein hvs worchte er balde
vor einem loche in deme walde,
da trvg er sine spise in.
640 eines tages gienc er Ysengrin
bi daz hvs in den walt.
sin kvmmer was manicvalt.
von hvnger leit er arbeit;
ein laster was im aber gereit.
645 Reinhart was wol beraten:
da hatte er gebraten
ele, die smackete Ysingrin.
er dachte: 'aha, ditz mac vil wol sin
ein teil gvter spisen.'
650 der smack begond in wisen
vur sines gevateren tvr.
da satzte sich her Ysengrin vur,
dar in er bozen begonde.
Reinhart, *der* wunder konde, / [171 d]

---

626 tröwet ime an triwen wol *K.*   627 hersant.   630 ysengrin.uch *K.*
632 lecket. ysengrin.   640 ysengrin.   647 ele die smacket *K.* ysengrin.
649 spisē.   652 ysengrĩ.   654 Reñhart wunder konde *P, ohne* der *auch K.*

---

626 ich drouwete ime entriuwen wol *Sch,* tröwete ime an *die* ougen [ ] wol *Bae.*
631 veltsprachen] '*ich glaube: fieberhaft irrereden, ins weite Feld hinein schwätzen*'
Gr, velssprāchen *vgl. valschreder subdolus vB,* vēh-sprāchen '*gehässiges Reden*'
(*vgl. vehtal Schmeller I 699*) *W₁, auf* veltrede, veltwort *verweist Bae -etwa* '*ge-
meines Reden*'?   632 geleckt *R,* gelecket *Bae,* geláchnet '*mit Arzneien be-
strichen, durch Zaubersprüche geheilt' in der Vorlage, daraus das verlesene ge-
leidiget von S und die Konjektur von P W₁,* lecken '*mit warmem Badewasser be-
netzen*' *zu* lāck vapor, *warmer Dunst (Schmeller I 1432) W₃.*   635 neste]
verschrieben für veste *W₂.*   638 vor] von *vB.*   654 der *R, Bae.*

655 sprah: 'wan gan ir / von der ture?
    dalanc kumit nie / man dar fure,
    daz wizzint wol, / noh herin.
    war tûnt ir muo/dinc uwern sin?
    wan var / ... n scone?
660 ez ist dalanc aft. // ...'

---

655 dᶜ.'   657 dc. w] *Zeilenende verstümmelt.*   658 m₁/ ...₁c] *Zeilenende verstümmelt, Beginn der neuen Zeile abgerieben, Falte im Pergament.*
659 var/... n] *wie 658, vor dem n der neuen Zeile Raum für 3—4 Buchstaben.*
660 daläc. aft] *Zeilenende verstümmelt.*

---

658 muodinc *Gr, Bae.*   659 wan var*n* hinnen *Gr, Bae,* wan var*n* ir *vilân* scone *W*₂.

655 sprach: 'wan get ir niht dannen stan?
    da sal talanc niman vz gan,
    daz wizzet *wol, noch* her in.
    war tvstv, mvdinc, den sin din?
    wan bern ir vil schone?
660 iz ist talanc affter none.
    wir mvnche sprechen niht ein wort
    vmbe der nybelvnge hort.'
    'gevater[ ]e', sprach er Isingrin,
    'wilt dv hi gemvnchet sin
665 immer vntz an dinen tot?'
    'ia ich', sprach er, 'ez tvt mir not:
    dv woldes mir ane schulde
    versagen dine hvlde
    vnde woldest mir nemen daz leben.'
670 Ysingrin sprach: 'ich wil dir vergeben,
    ob dv mir iht hast getan,
    daz ich dich mvge ze gesellen han.'
    'dv macht mir lichte vergeben', sprach Reinhart,
    min leben werde vurbaz niht gespart,
675 ob ich dir ie getete einen wanc.
    woldest dv mirs wizzen danc,
    zwei ales stvcke gebe ich dir,
    di sint hevte vber worden mir'.
    des wart Ysengrin vro.
680 wite begond er genen do,
    Reinhart warf si im in den mvnt.
    'ich were immer me gesvnt',
    sprach der thore Ysingrin,
    'solde ich da hin koch sin.'
685 Reinhart sprach: 'des macht dv gnuc han,
    wilt dv hie brvderschaft enpfan,
    dv wirdest meister vber di braten.'
    da wart er san beraten.
    'daz lob ich', sprach Ysingrin.
690 'nv stoz', sprach er, 'din hovbt herin.'

---

655 dānē stā.   657 wizet *K, Rasur hinter* wizzet, *darauf* noch wol h'in *P.*
658 tust du *K.*   663 ge vater'e *P,* gevater *K.* isingrin.   669 vn̄.
670 ysingrin. v'gebē.   673 spᵉch. Reinhart] *auf der Photographie nur* R *zu
lesen.* du macht mir lichte vergeben sprach er vil eben Reinhart min leben
daz hore ouch vil eben werde furbaz niht gespart alsust antwort er Rein-
hart *K.*   674 lebē w'de.   676 mir *K.*   679 ysengrin.   680 begonde
er *K.*   681 mv̄t.   683 ysingrin.   685 gnuc ban] *auf der Photographie nur
einige Buchstaben zu sehen.*   687 bratē.   689 ysingrin.   690 h' in.

[VIIa (3a)] 'we!' sprach Isingrin.
        'wanit ir mit / senfte
        paradise bisizzin?
700 daz ku/met von vnwizzin.
        ir mugint / gerne liden dise not:
        gevatere, sven/nir ligent dot,
        div broderscaft ist / also getan,
        an cehinzic tusint / messin sulint ir han
705 deil allir/tagelich.
        die von Citel fûrint dih /
        ze frone himelriche,
        daz weiz ich / warliche.'
          Isigrin wende, ez ware / war.
710 beide sin hut unde sin har
        ruwin / in vil cleine.
        er sprach: 'geuatere, / nu sol gemeine
        die ale sin, die / da inne sint,
        sit wir wurdin / gotis kint.
715 swer mir ein stucke / versaget,
        ez wirt ze Citel geclagit.' /
          Reinhart sprach: 'ez ist dir unverseit.
        Swaz / wir han, daz ist dir gereit
        in brû/dirlicher minne.
720 hie ist numme / fisce innc.
        woltint ir gan,
        da wir / einen wiger han,
        da ist inne fisce / der maht,
        ir kan niman wizzin aht; /
725 die brŏdir leiten sie drin.'
          'wol hin', / sprach Isingrin.

---

   697 ising¹n.   701 g'ne.   702 gevat'e.   703 brod'scaft.   704 cehinzit.
706 citel.   708 dc.   709 Isig¹n] *Initiale herausgehoben.*   710 hut] *über-*
geschrieben. uñ.   711 ruwi. cl..ne] *2. u. 3. Buchstabe schwer zu lesen.*
712 sp*ch. geuatere] *der 2. Buchstabe ist a, übergeschrieben ein kleines hochge-*
stelltes e.   715 v'saget.   716 citel.   • 717 R.] *Initiale herausgehoben.* sp*ch
unv'seit.⌐   718 dc. din.   720 numē.   723 d'.   724 nimā.   725 s e.
726 ising¹n.

   698 senftin *St, L, Bae.*   704 cehinzic *Bae.*   721 woltint ir *mit mir gán*
H, L, sam mir Bae.   723 *diu* maht *Bae.*

des was Ysengrin bereit,
do nahet im sin arbeit.
dar in stiez er sin hovbet groz,
brvder Reinhart in begoz / [172 a]
695 mit heizem wazzer, daz ist war,
daz vurt im abe hvt unde har.
Isingrin sprach: 'ditz tvt we mir.'
Reinhart sprach: 'wenet ir
mit senfte baradys besitzen?
700 daz kvmet von vnwitzen.
ir mvget gerne liden dise not:
gevater, swen ir liget tot,
di brvderschaft ist also getan,
an tvsent messen svlt ir han
705 teil aller tegelich.
di von Zitias vurent dich
zv dem vrone himelriche,
daz wizze gewerliche!'
Ysengrin wande, iz were war,
710 beide sin hovt vnde sin har
rowe in vil kleine.
er sprach: 'brvder, nv sit gemeine
die ele sin, di da inne sint,
sint wir sin worden gotes kint,
715 swer mir ein stvcke versaget,
iz wirt zv Zitias geclaget.'
Reinhart sprach: 'evch ist vnverseit,
swaz wir han, daz ist evch bereit
in brvderlicher minne.
720 hie ist niht me vische inne.
wolt ir aber mit mir gan,
da wir einen tich han,
in dem so vil vische gat,
daz ir niman achte hat?
725 di brvder hant si getan dar in.'
'wol hin', sprach er Ysengrin.

---

691 ysengrin.   693 houbt *K.*   696 vn̄.   699 baradis *K.*   704 schult *K.*
706 zitias *P,* zms *K (nach R, Mailath-Koeffinger:* zmas).   710 vn̄.   711 die
rowen *K.*   715 v'saget.   716 zitias.   717 uch *K.* vnv'seit.   718 uch *K.*
722 do *K.*   726 ysengrin.

712 sit] *sol R, Bae.*

Der wiher was / vbirfrorn.
dar hûbin sie sieh / ane zorn.
sie begunden daz is scûwen:
730 ein loch was drin gehau/wen,
da man wazzir uz nam /,
daz Isingrine ze scaden kam.
    Sin / brûder hate sin grozin haz. //
[VIIb (3b)] eines eimirs iħ enweiz wer da / uergaz.
735 Reinhart was fro daz er in vant, /
sime brûder ern an den zagel bant. /
    Do sprach Isingrin: /
'in nomine patris, / waz sol diz sin?'
'ir sulint den eimer / hie in lan,
740 wan ich wil pfulsin / gan,
vnde stant vil sempfticliche! /
wir werdin visce riche,
wande / ih sihe sie durh daz is.'
    Reinhart was los, / Isingrin unwis.
745 'sage, brûdir in / der minne,
ist dehein al hie inne?' /
'ia ez, tusint die ich ersehin han.' /
'daz ist mir liep, wir suln sie van.' /
    Isingrin pflac tumbir sinne, /
750 ime gefror der zagil drinne.
div / naht was kalt unde lieht,
sin brûdir warnete sin niet.
    Reinhartis drivwe / warin laz,
er gefror ie baz unde baz. /
755   'Dirre eimir swerit', sprach Isingrin. /
'da han ich gezellit drin
drizic / ale', sprach Reinhart,
'diz wirt ein nuz/ze vart;
kunnint ir stille gestan, /
760 zehinzic wellint drin gan.' /

---

727 Der] Initiale herausgehoben.   729 dc.   732 dc. scadĕ kă.   733 Sin]
Initiale herausgehoben. brûder.   734 ist enweiz.   735 R.   737 DO] Initialen
herausgehoben. isingrin.   738 patˡs.   739 i. s lit] über dem zweiten i der
Schatten eines Nasalstrichs (vgl. 704).   741 vn̄.   743 an sihe noch der
Ansatz eines s angeschlossen.   744 R. isingˡn.   745 d'.   748 dc.
749 Isingˡn] Initiale herausgehoben.   750 d'.   751 un.   753 R.us.   754 un̄.
755 Dirre] Initiale herausgehoben. spˣch. isingˡn.   757 R.

727/28 umgestellt von Bae.   739 sulin Bae.   750. 754 gefros Bae.   752 sin
br. warnetes in niet 'machte ihn nicht darauf aufmerksam' W₂.

Dar hvben si sich ane zorn.
der teich was vbervrorn.
si begonden daz is schowen,
730 ein grvbe was drin gehowen,
do man wazzer vz nam,
daz Ysengrino ze schaden qvam.
sin brvder hatte sin grozen haz.
eines *eimeres* niht er da vergaz: / [172b]
735 Reinhart was vro daz er in vant,
sinem brvdere er *in* an den zagel bant.
do sprach er Isengrin:
'in nomine patris, was sol ditz sin?'
'ir schvlt den eymer hi in lan,
740 wan ich wil stvrmen gan,
vnde stet vil senfticliche!
wir werden vische riche,
wen ich sehe si dvrch daz is.'
er Isengrin was niht wis,
745 er sprach: 'sage, brvder in der minne,
ist icht vische hinne?'
'ia iz, tvsent, di ich han gesehen.'
'daz ist gvt, vns sol wol geschen.'
Isingrin phlag tvmmer sinne,
750 im gevroz der zagel drinne.
di nacht kalden geriet,
sin brvder warnet in niht.
Reinhartes trewe waren laz,
er gevroz im ie baz vnde baz.
755 'dise eimer sweret', sprach Ysengrin.
'da han ich gezelet drin
drizick ele', sprach Reinhart,
'ditz wirt vns ein nvtze vart.
kondet ir nv stille gestan,
760 hvndert wollen iezv drin gan.'

---

732 ysengrine. qvā.   734 Emeres *oder* Eineres *P*. v'gaz *P*. eins aimers
niht er vergaz *K*.   736 bruder *K*. im. dē. bāt.   737 isengrin.   738 noie.
740 stvrmen *P, K*.   741 vn̄.   742 w'den.   744 isengrin.   745 sag *K*.
ind' mine.   749 tvmm'.   754 vn̄.   755 ysengri.

734 eimbers *R*, eimeres *Bae*.   736 in *Bae*.

Alsez do begunde dagen,
Reinhart sprach: / 'ich wil ivch mere sagin:
ich furh/te, wir unsir giticheit
uil sere / engeltin; mir ist leit,
765 daz so uil / uisce drinne ist;
ich *neweiz* der / zû neheinen list.
ir mugint sie / niht uz erhebin.
sehint, ob ir sie // |VIIc(4a)] mugint irwegin.'
Isingrin ge/riet zucken,
770 daz is begunde druc/ken
den zagel, er mûze da stan. /
Reinhart sprach: 'ich wil gan
nah unsirn / brûderin *dar*haim:
dirre gewin / wirt niht clein.'
775 Der dag be/gunde uf gan,
Reinhart hûb sich dan/nan.
Isingrin, der viscere,
der uernam / leide mere.
er sach einen riter / komen,
780 der hate hunde ze ime ge/nomen.
Isingrine kom er uf die vart/,
daz fiscen ime ze leide wart.
der / riter hiez her Birtin,
an iagin / kertir sinen sin.
785 daz kam herren / Isingrine ze scaden.
uf der uart / begunder drabin.
als er Isingrinen / gesach,
zû den hunden er do / sprach:
'zû!' unde begunde sie scuffin. /
790 sie gerietin in sere rupfin. /
I[ ]singrin beiz umbe sich,
si*n* an/gist der was grozlich.
Herre / Birtin kam gerant,
daz swert krif/ter mit der hant

---

761 Alsez] *Initiale herausgehoben.*   762 R. sp.ᵘch.   765 dc.   766 weiz]
ne *davor radiert oder abgerieben.*   769 Ising¹n] *Initiale herausgehoben.*   770 dc.
772 R. sp*ch.   773 brûderī. . r haim] *unmittelbar vor r ein Buchstabe völlig ge-
tilgt oder ausgelöscht, vor diesem der Rest eines anderen, welcher der untere Teil
eines d sein könnte.*   775 Der] *Initiale herausgehoben.*   776 R.   . 777 ising-
g*in.   778 d' uernā.   780 d' ge/nomē.   781 ising¹ne.   782 dc.   783 h'
birtin.   785 dc. herrē. isingrine.   786 d'. begund'. drabin] *d aus g ver-
bessert.*   787 isingrinē.   788 sp*ch.   789 ūn.   791 Ïsing¹n] *Initiale
herausgehoben.*   792 sich an/gist.   793 Herre] *Initiale herausgehoben.* birtin
kā.   794 dc.

---

767 ir*n* mugint *Bae.*   773 *varn* heim *Sch,* var heim *Bae.*

als iz do begonde tagen,
Reinhart sprach: 'ich wil ev sagen:
ich vurchte, daz wir vnser richeit
vil sere engelden, mir ist leit,
765 daz so vil vische dinne ist,
ichn weiz iezv deheinen list.
irn mvget si, wen ich, erwegen.
versůcht, ob ir si mvget hervz gelegen.'
Isingrin kochen geriet,
770 daz iz wolde smelzen niet,
den zagel mvst er lazen stan.
Reinhart sprach: 'ich wil gan
nach den brvdern, daz si balde kvmen:
dirre gewin mag vns allen gefrvmen.' / [172c]
775 vil schire iz schone tac wart,
dannen hvb sich Reinhart.
Isengrin, der vischere,
der vernam vil leide mere:
er sach einen ritter kvmen,
780 der hatte hvnde zv im genvmen.
er qvam vf Isingrines vart,
daz vischen im ze leide wart.
der ritter her Birtin hiez,
dehein tier er vngelat liez.
785 ern Isingrine daz ze schaden qvam,
die var er gegen im nam.
als er Isingrinen sach,
zv den hvnden er do sprach:
'zv!' vnde begonde si schvppfen.
790 do geriten si in rvppfen.
Isingrin beiz alvmme sich,
sin angest was niht gemelich.
her Birtin qvam gerant,
sin swert begreif er ze hant

---

762 uch *K*. sagē.   768 v'sůcht. h'vz. gelegē.   769 kochen *PK*.
773 kvm̄.   774 allē gefrvm̄ *P*, frumen *K*.   778 v'nam.   779 Ritter.
780 genvm̄.   783 Ritter. birtin.   784 kein *K*. ungelabt *K*.   785 isin-
grine. qvā.   787 isingrinen] *vor i schon einmal angesetzt: ſ*.   789 zu zu *K*. vn̄.
793 birtin.

---

763 giricheit *W₁, Bae*.   769 zocken *Gr, ursprünglich* kúchen = húchen
'*durch Hauchen erwärmen' Sch, zochen Sprenger, R, czochen Bae*.   784 vngelat]
ungelabet '*unverfolgt' Gr*, ungeletzet *Sch*, ungeleidet *vB*, ungeiaget *R, W₁, un*-
gelǎget *L. Bae verweist, um die hsl. Lesart zu stützen, auf ZfdA 45, 43—47,
Beitr. 47, 22, Paul Mhd. Gr. § 92*.

795 unde irbeizte, / des was ime gach.
    uf daz is lief / er sa,
    daz swert hûb er harte / ho.
    des uvart der fiscere vil un/fro,
799 er hate ze uaste geladen. /
802 swer irhebit, daz er niht mac / getragen,
    der muz ez under we/gin lan —
    als waz ez ovch umbe // [VIId (4 b)] Isingrinen gethan.
805 Isingrin was be/sezzin.
    her Birtin hate ime gemez/zin:
    den rucke wolter ime inzwei / slahin.
    do begunden ime die fuze / ingan,
    vonme sliffe er nider kam: /
810 div gleti ime den swanc nam.
    umbe / den sturz er niht enlie,
    an den / kniwin er wider gie.
    div gletin / im aber den swanc nam,
    daz er heht / ubir den zagel kam;
815 den slûc er / ime garwe abe.
    sie ir hûbin beide groze clage.
    Her Birtin do / clagete,
    daz er vermisset habete,
    ouch / clagite sere Isingrin
820 den vil liebin / zagil sin.
    den mûser da ze pfande / lan.
    do hûb er sich dannan/.
    Reinhart, der uil hat gelogin,
    der wirt noh / hute betrogin.
825 doch gehalf ime / sin kundicheit
    von notlichir ar/beit.
    zû einer cellin er sih hûb,

---

795 vn̄.   796 dc.   802 dc. getragē.   803 dᶜ.   804 isingˡnē.   805 Isingˡn]
Initiale herausgehoben.   806 hᶜ birtin.   807 in zwoi.   808 begunden] u *aus*
a *verbessert.*   809 fliffe. kā.   810 nā.   812 dem.   813 gletim] *der letzte*
m-*Strich ist radiert.* abᶜ. dem. nā.   814 dc.   817 Her] *Initiale heraus-*
gehoben. birtin.   818 dc. vᶜmisset.   819 isingrin.   823 R.] *Initiale*
herausgehoben. dᶜ.   824 dᶜ. noh] *danach t radiert, aber noch deutlich sichtbar.*

---

809 sliffe *Gr, Bae.*   812 den *Bae.*   813 den *Bae.*   814 heht] *eht*
Sch, H.   824 noh] *W₂ S. 207 Anm. 1 meint, gegen Bae, nach der Wiedergabe*
bei Koennecke hier die 'bekannte alte Schreibform' nohc zu sehen; nach der mir vor-
liegenden sehr guten Photographie ist das t nicht zu bezweifeln. hute] *W₂ am gleichen*
Ort, nach Koennecke, will hitte *lesen; der waagerechte Deckstrich des t reicht*
allerdings etwas weiter nach links als meistens sonst, so daß er den zweiten Ab-
strich des u noch eben kreuzt; aber genau so sieht die Verbindung von u + t in
v. 1591 aus: die hût.

795 vnde erbeizte vil snelle.
    vf daz is lief er vngetelle,
    er hvb do daz swert sin.
    des wart vil vnvro her Ysengrin:
    er hatte vaste geladen,
800 daz qvam im da zv schaden,
    wen wir horen wise levte sagen:
    swer erhebet, daz er niht mag getragen,
    der mvz iz lazen vnder wegen.
    des mvste ovch her Ysengrin nv pflegen.
805 Isengrin was besezsen,
    er Birtin hatte im gemezzen,
    daz ern vf den rvcke solde troffen han.
    do begonde im die buze engan:
    von dem slipfe er nider qvam,
810 der val im den swanc nam.
    vmme den val erz niht enlie,
    an den knien er do wider gie.
    die glete im aber den slag verkerte,
    daz er im den zagel vorserte / [172 d]
815 vnde slvgen im gar abe.
    si hatten beide groze missehabe:
    do was hern Birtines clage,
    daz er hat vermisset an dem slage,
    ovch kleite sere her Isengrin
820 den vil liben zagel sin,
    den mvst er do ze pfande lan.
    dannen begond er balde gan.
        Reinhart, der vil hat gelogen,
    der wirt noch hevte betrogen,
825 doch half im sine kvndikeit
    von vil grozer arbeit.
    zv einer zelle in sin wec trvg,

---

795 vn̄.   798 ysengrin.   801 sagē.   802 swer do hebt *K.* getᵃgē.
803 wegē.   804 ysenⅰrī. pflegē.   808 begonde im die bvze *P, K.*
811 umbe *K.*   812 v'kerte.   815 vn̄.   816 hatte beide groz misse habe *K.*
818 v'misset.   819 klait.

---

808 'Die Überlieferung gibt einen möglichen Sinn: er konnte nun den Wolf
nicht zur Vergütung des Schadens behalten (den dieser irgendwann gestiftet)' Gr
Ausgabe Anm., zugleich Vorschlag der Konjektur: gunden im die füeze, so auch
Sendschr. S. 38, begunden im die vüeze R, begonden im die fuze Bae.

da / wiste er inne hûner genûc.

daz⍪ inhalf in niht, weizgot;

830 sie was / wol umbemurot.

Reinhart begunde / umbe gan.

vor dem tor sach er stan /

einen sot dief unde wit,

da sach er in, / daz gerŏwin sit:

835 sinen scatin er drin/ne gesach.

ein michel wunder nv / gesach,

daz der ergŏchete hie,

der / mit listen wunders vil begie. /

Reinhart wande sehin sin wib,

840 div was // [VIIIa (5a)] ime lieb alsam der lib,

wan daz er sih / doh niht wolte unthaben,

ern mvs/te frivndinne haben,

wande min/ne git hohen mût;

davon duhte / si in gût.

845 Reinhart lachete darin,

do zan/nete der scate sin.

des wister ime / michelin danch:

vor liebe er in den / sot spranch.

durh starche minne / det er daz.

850 do wurdin im div oren / naz.

In deme sode er lange swam. /

uf einen stein er do quam,

da leiter / uf daz hûbet.

swer diz niht / gelûbet,

855 der sol mir drumbe niht ge/bin.

Reinhart wande sin lebin

weizgot / da vursprungen han.

do kam her / Isingrin gigan

ane zagel uzer dem / walde.

860 zû der celle hûb er sih balde, /

ern was noch niht enbizzin.

ir / suln vil wol wizzen,

---

829 dc.   831 R.   833 einē. vn̄.   834 dc.   835 sinš.   837 dc.
839 R.] *Initiale herausgehoben.*   840 d'.   841 dc.   844 da von.   845 R.
dar in.   846 d'.   848 dš.   851 In] *Initiale herausgehoben.* swā.   852 quā.
853 dc.   856 R.   858 kā. isingᶩn.   859 dš.

---

830 sie] *etwas verschmiert, aber eindeutig; von Korrektur oder Rasur kann ich
nichts bemerken; W₂ ebenda:* sie < Dv. *In allen drei Fällen ist W's Zweifel an
Bae's Lesung unberechtigt.*   836 gescach *Bae.*

da weste er inne hvnere gnvc.
keinen nvtz er des gevienc,
830 ein gvte mvre dar vmme gienc.
Reinhart begonde vmme gan,
vor dem tore sach er stan
einen bvrnen, der was tief vnde wit.
da sach er in, daz rowe in sit.
835 sinen schaten er drinne gesach.
ein michel wunder nu geschach,
daz er hergeczte hie,
der mit listen vil begic.
Reinhart wande sehen sin wip,
840 die was im liep als der lip,
vnde en mochte sich doch niht enthan,
ern mvste zv der vrvnden gan,
wenne minne gibt hohen mvt.
da von dovchte si in gvt.
845 Reinhart lachete dar in,
do zannete der schate sin.
des west er im cleinen danc,
vor libe er in den brvnnen spranc.
dvrch starke minne tet er daz,
850 do wurden im die oren naz.
in dem bvrnen er lange swam,
vf einen stein er do qvam,
da leit er vf daz hovbet.
swer des niht gelovbet, / [173 a]
855 der sol drvmme niht geben.
Reinhart wande sin leben
weizgot da versprungen han.
her Ysengrin begonde dar gan
ane zagel vz dem walde.
860 zv der celle hvb er sich balde,
er was noch niht enbizzen.
ir sult vil wol wizzen,

---

828 huener genuc K.   833 vn͞.   835 drine P, dar inne sach K.   836 nie.
837 her gente P, K.   839 wip] Bae liest ŵip.   841 vn͂.   843 gibt dir K.
847 wester er K.   851 brunnen K.   853 do K.   857 versprochen P, K.
858 ysengrin.   861 e?.

---

836 im geschach Gr, nu R, Bae, vgl. aber über vereinzelt vorkommenden
Positiv statt Komparativ Behaghel, Syntax I § 142 S. 299 und unten v. 1916.
837 her gente] der sich verginte (sich vergaffte) Sch, R, hergeczte zu ergecketzen
(von geck), welches in ergetzen (885) übergehen konnte wie blickezen zu blitzen vB,
Bae, ergecte St, L.   857 versprungen W₁, Bae.   861 er R, Bae.

ein schaf / hater gerne genomén.
vnvirwa/net kom er
865 uber den diefin sot, /
des kom sin lib in groze not. /
Isingrin darin sach.
nv vernement / rehte, waz im geschah:
sinen / scaten sach er drinne;
870 er wande, / daz frowe Hersint,
sin drutminne, /
ware darinne:
Isingrin begunde / daz hûbet sin
vil dicke hebin / vz vnde in,
875 daz selbe det derinne der / schate sin.
des becherter sinen // |VIIIb(5b)] sin.
frowen Hersinde begunder / clagin
groz laster unde scadin.
vil / harte begunder hvlon,
880 do ant/wurte im sin don:
sin stimme / div hal in daz hol.
der sot was lechir/heite vol,
daz wart vil sciere schin. /
Reinhart sprach: 'waz mac daz sin?'
885 Isingrin / irgóchet wart,
er sprach: 'bist dv / daz, brûder Reinhart?
ich frage dich in / der minne,
waz dv dŏst dar inne.' /
er sprach: 'min lib ist dot,
890 min / sele wunt ane not;
daz wizzent / warliche,
ich bin in himelriche. /
mir ist div scŏle hinne beuolhen, /
ich kan div kint wol leren.' /

---

863 genomĕ.   867 Ising^ln] *Initiale herausgehoben.* sach] *aus* sanc.
868 v'nement.   870 dc. h'sint.   871 drut minne.   872 dar inne.
873 ising^ln. dc.   874 uñ.   875 dc. d'inne d'.   877 hersinde.   878 uñ.
879 hvlon] o *aus* e *korr.*   881 in dc.   882 d'.   883 dc screre] *an dem
ersten* r *korr.* schi.   884 R. sp*ch. dc.   885 ising^ln.   886 sp*ch. dc. R.
891 daz] *korrigiert.* wizzĕt.   893 beuolhĕ.

---

864 komer] was er komen *H, Bae.*   870—872 er wânde sîn drûtminne /
frouwe Hersint wâre darinne *vB*, er wâr de iz were sîn minne *Bae* [ür die Vorlage,*
frowe H. ein übergeschriebenes Glossem, das in den Text geriet.   870 Hersinde *Sch.*
882 ·sot] *frz.* 'Dummkopf' *St, Bae,* sôt 'Brunnen' *W₁, W₂.*   890 wunt] *zu
wunnen swv.* 'in Wonne, in Seligkeit sich befinden *Sch, L, Lexer,* wunet = wonet
vB, W₂.   894 lêren wol *Bae.*

ein schaf hette er gerne genvmen.
des envant er niht, nv ist er kvmen
865 vber den brvnnen vil tief,
do wart aber geeffet der gief.
Isengrin dar in sach.
vernemt recht, was im geschach:
sinen schaten sach er dinne,
870 er want, daz iz sin minne
were, ver Hersant.
daz hovbet tet er nider zehant
vnde begonde lachen,
semelicher sachen
875 begienc der schate da inne.
des verkarten sich sine sinne,
er begonde Hersante sin laster sagen
vnde von sinem schaden clagen.
vil lvte hvlete Ysengrin,
880 do antwort im der don sin.
sin stimme schal in daz hol,
ez was leckerheite vol,
daz wart vil schire schin.
Reinhart sprach: 'wer mag daz sin?'
885 Isengrin ergetzet wart,
er sprach: 'bist dv daz, gevater Reinhart?
sage mir in der minne:
was wirbest dv dar inne?'
Reinhart sprach: 'min lip ist tot,
890 min sele lebet ane not,
daz wizze werliche.
ich bin hie in himelriche,
dirre schvle ich hie phlegen sol,
ich kan di kint leren wol.' / [173 b]

---

863 het *K.* genvm̄. 864 kvm̄. brvnen. 866 d'. 871 hersant.
873 vn̄. 874 semlicher *K.* 877 hersante. sagē. 878 vn̄ vō sinē.
879 hulet *K.* ysengrin. 882 er. 885 ergetzet *P, K.* 886 gevat'.
887 mine.

---

882 ez *vB, W₁*. 885 ergetzet *Bae, vgl. 837.*

---

893 *Rom. de Ren.:* Ja tiers ge ca dedenz m'escole ← schola = otium,
Muße: '*ich halte hier meine siesta oder ich habe hier mein Wesen, von dem
deutschen Nachdichter mißverstanden*' *W₃.*

895 'Reinhart, mir ist leit din dot.'
'so frowe / ich mis; dv wonest mit not /
in der werlte aller dagelich,
ze / paradysi bin ich
unde han hie / mere wunne,
900 denne ieman / irdenchen kunne.'
Do sprach / Isingrin:
'brůder unde geuatere / min,
wie ist fro Hersint dar / komen?
ich han seltin rŏb ge/nomen,
905 si enhate dran ir deil.'
Reinhart sprach: 'ez waz ir heil.' /
'nv sage mir, geuatere gŭt, /
wie ist sie umbe daz hůbet / so verbrovt?'
'daz dŭn ich, drut /geselle:
910 sie det einen duc zŭ der // [VIIIc (6a)] helle.
daz hast du dicke wol uer/nomen:
zŭ paradise mac nieman / komen,
ern mŭze der helle bekorn. /
da hat si daz hůbethar uerlorn.' /
915 Reinhart wolte da uzze sin.
siniv ŏgen / sach Isingrin:
'sage, brŭder, waz luh/tet da?'
Reinhart antwurte sa:
'ez ist / edil gesteine,
920 die karuunkele / reine,
die da schinent als ein / lieht,
der ensihest dv da uze nieht, /
hie sint ovch kŭge unde swin /
vnde daz veizete scafelin,
925 ane hů/te ez hie gat,
hie ist maniger / slahte rat.'
'Mohtich iemir / komen darin',
sprach der dore / Isingrin.
'dv tŭ, als ich dich lere; /

---

895 R.   897 d'.   899 uū.   900 iemā.   901 Do] *Initiale heraus-*
gehoben. sp^uch ising¹n.   902 uū.   903 hersint.   906 R. sp^uch.
908 hůbet] et *durch tiefgestellte Ligatur wiedergegeben.*   910 einē.   911 dc.
912 niemā.   913 d'.   914 dc hůbet har. u'lorn.   915 R.] *Initiale heraus-*
gehoben.   916 ising¹n.   918 R.   919 gesteine.   922 d'.   923 uū.
924 uū dc.   926 manig'.   927 Mohtich] *Initiale herausgehoben.*   928 d'.
ising¹n.

896 mi*hs* L, *Bae.*   908 verbruot *Bae.*

895 er sprach: 'mir ist leit din tot.'
'ich vrev mich; dv lebes mit not
in der werlde aller tegelich,
zv paradyse han aber ich
michels mere wunne,
900 danne man irdenken kvnne.'
do sprach er Isengrin:
'brvder vnde gevatere min,
wie ist ver Hersant herin kvmen?
ich han selten rowb genvmen,
905 si enhette dran ir teil.'
Reinhart sprach: 'iz was ir heil.'
'saga, trvt gevater', sprach er do,
'wi ist [ ]ir daz hovbet verbrant so?'
'daz geschah ovch mir, trvt geselle,
910 si tet einen tuc in die helle.
dv hast dicke wol vernvmen,
zv paradyse mag niman kvmen,
ern mvze der hele bekoren.
da hat si hvt vnd har verlorn.'
915 Reinhart wolde da vze sin,
die ovgen gesach im Ysengrin.
'saga, gevator, was schinet da?'
Reinhart antworte im sa:
'iz ist edel gesteine,
920 die karvunkel reine,
di schinent hi tag vnde nacht;
da vze dv ir niht gesehen macht.
hi sint ovch rinder vnde swin
vnde manic veistez zickelin,
925 ane hvte iz allez hi gat.
hi ist vil manger slachte rat.'
'mocht ich immer kvmen darin,'
sprach der tore Ysengrin.
'ia dv, als ich dich lere!

---

900 irdenk•in *P,* irgen kein kunne *K.*   902 vn̄.   903 v'. hersant.
904 rowe *P, K.* genvm̄.   905 dran e ir teil *K.*   908 dir. v'brant. 910 tete *K.*
911 v'nvmen.   912 kvm̄.   914 do *K.* v'lorn.   916 ysengrin.   917 sagan *K.*
918 antwort *K.*   921 vn̄.   922 do *K.*   923 vn̄.   924 vn̄.   928 ysengrin.

---

904 rowb *Gr, R, Bae.*   908 ir *R, Bae.*   929 ja, tuo *Sch, R.*

930 ich wil an dir mir ere
     bigan, / nv pblic wizzen:
     in den eimer / solt dv sizzen.'
     vmbe den sot / was ez so getan,
     swenne / ein eimer begunde in gan, /
935 daz *ein* ander vz gie.
     Isingrin / *n*iht enlie,
     als in sin gevatere / le*r*te,
     ·wider ostert er sich / *k*erte.
     daz kam von vnwizzen. /
940 *in den eimer* gienc er sizzen. /
     Reinhart sin selbes niht vergaz,
     in den vndirn / er do gesaz.
     Isingrin, der *d*en sca/den nam,
     sime geuateren er bekam /
945 rehte in almittin.
     er sprach: 'brû // [VIII d (6 b)] der **Reinhart**, war sol ez
     'daz / sagich di*r* gewarliche: [gelobit sin?'
     hie ze hi/milriche
     soltu minen stûl han, /
950 wandich dirz harte wol gan.
     ich / wil vz in daz lant,
     dv verst dem / divuel in die hant.'
     Isingrin gie / an den grunt,
     Reinhart ze walde wol ge/sunt.
955 vil harte irscaffen was der / sot,
     ez ware anders Isingrines dot. /
     daz paradise duhte in sware,
     vil / gern er dannen ware.
     Die mv/niche mûsten wazzer han,
960 do kam / ein brûdir gigan.
     er zoch die / kurbin sere,
     der last duhte in mere, /

---

932 eim'.   935 dc e .. .nder.   · 936 ising¹n. liht.   937 l..te.
938 . erte.   939 kã.   940 *Beginn der Zeile ausgelöscht:* .... n .. mer sizzen]
das erste z aus c verbessert.   941 *wie* 940, *dann:* ... n selbes niht v'gaz.
942 in den] *übergeschrieben.* v. dirn.   943 Ising¹n der . en sca/.en nã.   944 geu-
aaterĕ. bekã.   947 dc. dich.   949 minĕ.   953 Ising¹n.   954 R.   955 d'.
956 ising¹nes.   957 dc.   959 Die] *Initiale herausgehoben.*   960 kã.   962 d'.

---

930 min èie *Bae.*   931 wizze[ ] *Bae.*   935 ein ander *Gr, Bae.*
936 niht *Gr, Bae.*   937 lerte *Gr.*   938 kerte *Gr, Bae.*   940 *in den eimer*
Gr, Bae.   941 *Reinhart sin Gr. Bae.*   942 undirn *Gr, Bae.*   943 den scaden
Gr, Bae.   946 '*wo gedenkst du hin, wo hinaus willst du fahren?*' *Gr,* war
sol ez? gelobet iuch sin '*wohin soll es gehen? steht ab davon*' *W₂.*   947 dir *Gr,*
Bae.   950 dirs *Bae.*

930 ich wil an dir min ere
began, nv pflic witzen!
in den eymer salt dv sitzen.'
vmme den bvrnen was iz also getan,
so ein eymer begond in gan, / [173c]
935 daz der ander vz gie.
Isengrin do niht enlie,
des in sin gevatere larte:
widir hoster her sich karte,
daz qvam von vnwitzen;
940 in den eimer gieng er sitzen.
Reinhart sin selbes niht vergaz,
in den andern er do saz.
Isengrin, der den schaden nam,
sinem gevateren er do bequam
945 mittene vnde vur hin in.
er sprach: 'Reinhart, wa sol ich nv sin?'
'daz sag ich dir gewerliche:
hi zu himelriche
salt dv minen stvl han,
950 wan ich dirs vil wol gan.
ich wil vz in daz lant,
dv dem tevfel in die hant.'
Isengrin gieng an den grvnt,
Reinhart vur ze walde wol gesunt.
955 vil vaste was erschophet der brvnne,
iz were anders Ysengrine misselungen.
daz paradyse dovcht in swere,
vil gerne er dannen were.
die mvnche mvsten wazzer han,
960 ein brvder begonde zv dem bvrnen gan.
er treib die kvrben vaste
vnde zoch an dem laste

---

931 pflac *P, K.* wizzen *P.*   932 aimer soltu *K.*   933 getä.   934 aymer
begonde *K.*   937 gevat'e *P*, gevater *K.*   940 aymer gienge *K.*   941 v'gaz.
945 mitten *K.* vn.   952 dv dem *P, K.*   954 gesvt.   955 brvne.   956 misse
lvgē.   960 brvd'. bvrnē gā.   962 vn.

---

931 pflic *R, Bae.*   938 hoster]' = *lat.* haustrum *Schöpfeimer' Gr Ausg.,
im Sendschr. aufgegeben, s. L S.* 34f., 'Schöpfeimer' *Sch,* österl (*näml. zum
Gebet, vgl.* son cul tourna vers orient) *vB, R* 1. *Aufl.,* hôster 'Schöpfrad'
Lexer, = öster *L, Bae,* 'hoster *hat das prothetische h des Alem. und dürfte Ur-
lesart sein' W*₃.   952 var du *Gr,* du verst *Sch, R, Bae.*

denne er ie gedate da.
uber den sot / gie er sa
965 vnde versûhte, waz ez moh/te sin.
do sach er, wa Isingrin
an / deme grunde in deme eimere saz. /
der brûder was nivt laz,
in die / celle lief er sa,
970 des wart / deme bartinge gach.
er sagete vremi/div mére
des in deme sode were: /
'Isingrinen ich han gesehin.'
die / muniche sprachen: 'hie ist ge/scehin
975 gotis rache', do hubin sie / sich;
daz wart Isingrine notlich. /
    Der briol nam eine stange /
groz unde lange,
ein ander nam / ein zercstal,
980 da wart ein michel / gescal.
980a sie hûben ubir den sot // . . .

---

964 ub'.   965 vn v'sûhte.   966 ising'n.   968 ' brûder.
973 ising'nē.   974 ge/s . . h . n.   976 isingrine.   977 Der] *Initiale heraus-*
gehoben. nā.   978 uñ.   979 and'.

---

968 *der Gr, Bae.*   974 gescehin *Gr, Bae.*   979 *cerzstal Bae.*
980 a huoben *sih* ubir *Bae.*

me, dan er ie getete da.
vber den brvnnen gienc er sa
965 vnde versvchte, was iz mochte sin.
do gesach er, wa Isengrin
an dem grvnde in dem eymer saz[ ].
der brvder was niht laz,
in die celle lief er geringe,
970 gach wart dem bertinge,
er sagete vremde mere,
daz in dem bvrnen were
Isengrin, wen her in hatte gesehen.
di mvnche sprachen: 'hi ist geschen / [173 d]
975 gotes rache' vnde hvben sich vber den bvrnen.
da wart Ysengrine misselvngen.
der prior nam ein stange,
vil groz vnde vil lange,
ein ander nam daz kerzstal,
980 da wart ein vil michel schal.
si sprachen: 'nemet alle war,
daz er niht sin straze var.'
si zvgen die chvrben vmme,
Isengrin, der tvmme,
985 der wart schire vf gezogen.
in hatte Reinhart betrogen.
der priol hat in nach erslagen,
daz mvste Isengrin vertragen.
Reinhart tet im mangen wanc,
990 daz ist war, wa was sin gedanc,
daz er sich so dicke trigen lie?
die velt stent noch alsvs hie,
daz manic man mit valscheit
vberwant sin arbeit
995 baz danne einer, der der trewen pflac.
also stet iz noch vil manchen tac.
gnvge iehen, daz vntrewe
sei iezvnt vil newe.

---

965 vn. 966 isengrin. 967 saze. 972 bvrnē. 974 sprachē. 975 vn̄.
vb'. bvrnē. 976 ysengrine. 978 vn̄. 983 kurben *K*. 987 prior *K*.
988 isingrin. v'tragen. 992 die velt stent *P, K*. alsust *K*. 995 triwen *K*.
996 stet iz *P*, tet iz *K*.

---

967 saz *R, Bae.* 975 brunnen *Bae.* 976 wart] was *R.* 992 diu
velt stânt *Gr, in der Anm. Besserungsvorschlag:* diu werlt stuont, diu werlt stêt
Sch, diu werlt stuont noch alsus [ ]ie *vB, R,* diu welt stunt noch alsus [ ]ie *Bae.*

weizgot: er si[ ] ivnch oder alt,
1000 manges not ist so manicvalt,
er wenet, ditz geschah nie manne me.
vnsern cheime ist so we
von vntrewen, ern habe vernvmen,
daz mangem ist ie vorekvmen.
1005 Isengrin was in grozer not.
si liezen in ligen fvr tot.
der priol di platten gesach,
zv den mvnchen er do sprach:
'wir haben vil vbele getan,
1010 eine blatten ich erscen han
vnde sag ev noch me:
ja ist nach der alden e
dirre wolf Ysengrin besniten.
owe, hette wir[ ] vermiten / [174a]
1015 dise slege, wan ze ware,
er was ein revwere!
die mvnche sprachen: 'ditz ist geschen.
hette wirs e gesehen,
des mochte wir wesen vro.'
1020 dannen giengen si do.
hette Ysengrin den zagel niht verlorn
noch die blatten geschorn.
in hette erhenget daz gotes her.
von Horbvre her Walther
1025 zv allen ziten alsvst sprach,
swaz ime ze leide gescbach,
mit ellenthaftem mvte:
'iz kvmet mir als lichte ze gvte,
so iz mir tvt dehein vngemach.'

---

999 si gra iunch (junc) oder alt *P, K.*   1002 unserm keinem *K.*   1003 un-
triwen *K.* v'nvmē *P.* er habe vernumen *K.*   1004 vore kvm̄.   1009 ubel *K.*
1010 platten *K.*   1011 vn̄.   uch *K.*   1013 ysengrin.   1014 wir in
v'miten.   1021 ysengrin. v'lern *P,* den zagel verlorn *K.*   1022 niht noch *K.*
1024 horbvre. walther.   1026 swaz ieman *K.*   1028 kumt *K.*   1029 kein *K.*

---

999 gra *streichen Gr, R, Bae,* granjunc *zu* grau, granhâr '*das junge Bart-
haar*' *L,* gransprunch *(dem das Barthaar keimt) W₁.*   1001 daz er *sprichet*
ditz *Gr, daz er* wænet *Sch, R, er* wænet *dürfte genügen.*   1014/15 h æte wir
vermiten dise sl. *Gr, Bae,* hæte wir in vermiten diser sl. *R.*

1024 Walther von Horburg *urkundlich nachzuweisen zwischen 1153 und 1156, W₁.*
1028/29 *W₂ verweist auf Spervogel 20, 26f.:* kein ungelücke wart nie sô grôz,
da enwære bî / ein heil, *Hartmann (MS's Frl.) 211, 30ff.:* swaz mir geschiht ze
leide, sô gedenke ich iemer sô: / nu lâ varn, ez solte dir geschehen:/ schiere kumt
daz dir gefrumt.

1030 Isengrine alsam geschach.
do im die mvnche entwichen,
do qvam er geslichen
hin zv dem walde,
do begonder hvlen balde.
1035 also vor Hersant daz vernam,
vil schire si dare qvam
vnde sine svne beide.
do clagete er in von leide:
'liben svne vnde wip',
1040 sprach er, 'ich habe minen lip
von Reinhartes rate verlorn.
dvrch got daz lazet evch wezen zorn!
daz ich ane zagel gan,
daz hat mir Reinhart getan,
1045 deswar, an aller slachte not.
er betrovg mich in den tot.
von siner vntrewe groz
enphing ich mangen slac vnde stoz.
der geselleschafte mocht niht me sin,
1050 Reinharte drevwete der bate sin.
ir aller weinen wart vil groz,
hern Ysengrinen des bedroz,
er sprach: 'vrow Hersant, libes wip,
wes verterbet ir ewern schonen lip? / [174b]
1055 ewer weinen tvt mir we,
so helf ev got, nv tvt iz niht me!'
'o we, ich en mag ez niht ane sin!
mir ist leit, daz der man min
ane zagel mvz wesen.
1060 wi sol ich arme des genesen?'
daz vrlevge was erhaben.
Isengrin begonde draben
zv lage Reinharte.
er hvb sich an die warte,
1065 wen swer mit vngezewe

1030 Isengrime *K.*   1034 begonde.   1035 hersant. daz] *übergeschrie*
ben. v'nam.   1037 vn̄.   1039 vn̄.   1041 v'lorn.   1042 uch *K.*
1045 des war.   1048 vn̄.   1050 drewet *K.*   1052 ysengrinē. des] *danach*
niht *durchstrichen.*   1053 hersant.   1054 v'terbet. schonē *P, fehlt K.*
1056 helf uch *K.*   1057 ichn mag es.   1065 ungezeuge *K.*

1034 begunder *R*, begonder *Bae.*   1040 lip] *vgl. zu* 614.   1064 er =
Reinhart W₂.   1065 ungezouwe *(mangelhafte Rüstung oder übermäßige Eile)*
Sch, ungeziuge *(mangelhafte Zurüstung) R*, ungezewe zu zöuwen *(mangelhafte*
Vorbereitung) Bae, ungezoge *(ohne Gefolge, Mannschaft) W₂.*

Fuchs Reinhart.   5

erhebet ein vrlevge,
der sol mit gvten listen
einen lip vristen.
dise vnminne alsvs qvam.
1070   Ein lvchs daz schire vernam.
in mvte sere diser zorn,
er was von beiden geborn
von wolfe vnde von vuchse.
da von was dem lvchse
1075 daz vngemach.
zv Isengrin er do sprach:
'trvt mag, er Ysengrin,
wes zeihet ir den neven min?
ir sit min geslechte beide.
1080 vil gerne ich bescheide,
vnde offent mir ewer clage,
so kvmet iz zv einem tage.
swaz ev Reinhart hat getan,
des mvz er ev zv bvze stan.'
1085 do antwort im er Ysengrin,
er sprach: 'vernim, trvter neve min,
iz wer lanc ze sagene:
ich han vil ze clagene,
daz mir Reinhart hat getan.
1090 daz ich hevte ane zagel 'gan,
daz geschvf sin lip.
dar zv warp er umme min wip.
mocht er des vnschvldic wesen,
ich liez in vmb daz ander genesen. / [174c]
1095 versagen ich dir doch niht enmac,
ich wil dirs leisten einen tac.'
der tac wart gesprochen
vber drie wochen.
dar qvam her Ysengrin
1100 vnde brachte vil der mage sin.
ein teil ich ir nennen sol,
di mvget ir erkennen wol:
daz was der helfant vnde der wisen,

1070 v'nam.   1073 vn̄.   1077 ysengrin.   1081 vn̄. 1082 kumet ir *K*.
1085 ysengrin.   1086 v'nim.   1092 umb *K*.   1098 uber dri *K*.
1099 ysengrin *P*, ysengrim *K*.   1100 vn̄.   1103 vn̄.

1069 'so war es zu dieser Feindschaft gekommen' *vB*.   1075 daz *urliuge*,
urleuge ungemach *R, Bae*.   1080 ich *euch Bae*.

di dovchten Reinharten risen,
1105 die hinde vnde der hirz Randolt,
die waren Ysengrine holt,
Brvn der bere vnde wilde swin
wolden mit Ysengrine sin.
zv nennen alle mich niht bestat,
1110 swelich tier grozen lip hat,
daz was mit Ysengrine da,
in were bezzer anderswa.
Reinhart Crimeln zv im nam,
einen dachs, der im ze staten quam.
1115 hern gesweich im nie zv keiner not,
daz werte wan an ir beider tot.
der hase vnde daz kvneclin
vnd ander manic tierlin,
des ich niht nennen wil,
1120 der qvam dar vzer moze vil.
Isengrin hatte sich wol bedacht,
hern Reizen hatter dare bracht,
einen rvden vreslich.
vf des zennen solde sich
1125 Reinhart enschvldiget han.
den rat hatte her Brvn getan.
si hiezen Reizen liegen vur tot,
da was nach vberkvndigot
Reinhart, der vil liste pflac.
1130 Crimel sach, wa Reize lac,
er sprach: 'Reinhart, vernim mir:
gewerliche sag ich dir,
dv endarft mirs niht verwizen,
Reize wil dich erbizen: / [174 d]
1135 kvmet diz vuz vur sinen mvnt,
dvnen wirdest nimmer me gesvnt.'
der lvchs, der si brachte dar,
sprach zv Reinharte: 'nv nim war,
wi dv zv vnserme angesichte

1104 drohten *K*. 1105 vn̄. hirze *K*. 1106 ysengrine. 1107 vn̄. 1108 ysen-
grine. 1109 nennē. 1111 ysengrine. 1113 crimeln. 1114 statē quā.
1117 vn̄. Kungelin *K*. 1120 moze *oder* meze *P*, mazen *K*. 1122. reizen.
hatte dare *P*, *K*. brach *P*. 1124 scholde *K*. 1126 brvn. 1127 reizen.
1128 vber kvndigot. 1130 Reitzel *K*. 1131 v'nim mir *P*, vernim mich *K*.
1134 v'wizen. 1136 nimm'.

1107 vnde *daz R, Bae*. 1120 mázen *Gr*, máze *R*. 1122 hatte *er R,
Bae*. brácht *R, Bae*.

1140 Isengrine getvs ein gerichte,
      daz dv niht wurbes vmb sin wip.'
      'ich tvn', sprach er, 'sam *mir* min lip,
      daz er gebe rede vil gvt'.
      er sprach: 'were die werlt gar behvt
1145 vor vntriwen, als ich was ie!'
      Reinhart sich sprechen gie,
      sine mage bat er dar vz gan.
      'wizzet ir, was ich ersehen han?'
      sprach er, 'Reize lebet, ich wil varen.
1150 got mvze ev alle wol bewaren!'
      er hvb sich vf daz gevilde,
      do sprach manic tier wilde:
      'seht, nv vlvhet Reinhart!'
      Isingrine vil zorn wart,
1155 er hvb sich vf sine spor,
      ver Hersant lief im verre vor,
      daz was vil vbele getan.
      irn travt wolde si erbizzen han
      dvrch ir vnschvlde
1160 vnde dvrch Isingrines hvlde.
      Reinhart was leckerheit wol kvnt:
      siner amien warf er dvrch den mvnt
      sinen zagel dvrch kvndikeit.
      zv siner bvrc er do reit,
1165 das was ein schonez dachsloch,
      dar flvhet sin geslechte noch.
      da ernerte Reinhart den lip sin.
      ver Hersant lief nach im drin
      mit alle wan vber den bvc.
1170 do gewan si schire schande genuc:
      sine mochte hin noch her,
      Reinhart nam des gvten war,
      zv eime andern loche er vz spranc,
      vf sine gevateren tet er einen wanc. / [175a]
1175 Isengrine ein herzen leit geschach:

    1142 sam min P, K.   1148 gesehen K.   1149 varš.   1150 got mux
uch alle wol bewarn K.   1156 hersant P. allez vor K.   1157 vbel e P, K.
1160 vñ.   1162 mvt.   1165 dachs loch.   1168 hersant.   1171 sinen
mohten K. mochte hin] *vor* hin *durchstrichenes* hin P.   1173 zv einem K.
1174 einš. wanc] *auf der Photographie kaum zu lesen.*   1175 h'zen leit.

    1142 sam *mir* R, Bae.   1143 daz er *ir* gebe *'damit er ihr Abbitte leistet'* W₁.
1157 ubele *Bae.*

er gebrvtete si, daz erz an sach.
Reinhart sprach: 'vil libe vrvndin,
ir schvlt talent mit mir sin.
izn weiz niman, ob got wil,
1180 dvrch ewer ere ich iz gerne verhil.'
vern Hersante schande was niht cleine,
si beiz vor zorne in die steine,
ir kraft konde ir nicht gefrvmen.
nv sach Reinhart kvmen
1185 Isingrinen zornicliche.
'mir ist bezzer, daz ich entweiche',
sprach Reinhart vnde hob sich wider in.
mit Isengrine qvamen die svne sin,
manic tier vreisam
1190 mit Ysengrine qvamen dar san;
mit den mochte er bezevgen sint,
daz geminnet was sin libes wib.
Isengrin begonde weinen.
bi den hindern beinen
1195 wart ver Hersant vzgezogen.
'mich hat vil dicke betrogen
Reinhart', sprach Ysengrin,
daz wolde ich allez lazen sin,
wenne ditz ansehende leit,
1200 daz ist lanc vnde breit.'
Reinhart gienc zv der pforten stan,
er sprach: 'ich han evch niht getan.
min gevatere wolde herin,
do hiez ich si willekvmen sin,
1205 vnde daz ich evch niht habe getan,
daz wil ich an minen paten lan.'
'entrewen', sprach der bate,
'ichn mag gesin svnere niht me.
ich mvz din vint sin dvrch not,

1176 brutet *K*.   1180 v'hil.   1181 furn *K*. herschante] ch *durch Punkte*
getilgt P, hersante *K*.   1184 reinhart.   1185 Isingrine.   1187 vn. wid'.
1190 ysengrine. 1192 geminet. 1195 hersant. 1197 ysengrin. 1199 wen *K*.
1200 v̄n.   1201 pfortē.   1202 uch *K*.   1203 gevater *K*.   1204 hiez
man sie *K*.   1205 v̄n. uch *K*.   1207 pate *K*.   1208 niht suner me *K*.
1209 die not *K*.

1191 si[ ]t *Bae*.   1192 *für die Vorlage schlägt vor:* daz geminnet was sîn
wîp *Hersint W₁*.   1207/8 sprach der bate *sin*, ichn mag sunere niht me gesin
Bae nach vB.

1210 in miner hant liget din tot'.
'neina, bate', sprach Reinhart,
'so tetest dv ein vbele vart.
izn wurde dir nimmer vergeben,
di wile dv hetest daz leben, / [175 b]
1215 vnde mvstez sein zv allen stvnden
mit ysen gebvnden'.
Ysengrin sprach: 'desswar,
ver Hersant, nv sint iz siben iar;
daz ich evch zv miner e nam.
1220 da was manic tier lvssam
vnser beider kvnne.
sint hatte wir entsamet wunne.
nv hat vns gehonet Reinhart,
owe, daz er ie vnser gevatere wart!
1225 ichn magez nimmer werden vro.'
ver Hersant weinete do
vnde hielte Ysengrin,
alsam taten ovch di svne sin.
daz laster mvsten si haben.
1230 do begonden si dannen draben,
vil zornic was ir aller mvt.
Reinhart sprach: 'gevatere gvt,
trvt min her Ysengrin,
ir svlt talanc hi sin.
1235 wolt ir aber hinnen gan,
so svlt ir mine gevateren hi lan.
di sol von rechte hie wirtinne sin.'
des antwort im niht her Ysengrin.
    Ditz geschah in eime lantvride,
1240 den hatte geboten bi der wide
ein lewe, der was Vrevil genant,
gewaltic vber daz lant.
keime tier mochte sin kraft gefrvmen,
izn mvste vur in zv gerichte kvmen.

1210 din] *in der Zeile* der tot *mit Verweiszeichen, entsprechend am Rande*
din *P,* der din tot *K.*   1211 pate.   1213 v'geben.   1215 vn̄. sin *K.*
1218 hersant.   1220 do *K.*   1224 gevat'e.   1225 ich enmag *K.*   1226 Her-
sant.   1227 vn̄. ysengrin.   1230 begonde.   1233 ysengrin.   1238 h' ysen-
grin.   1239 Ditz] *Initiale herausgehoben.* einem *K.*   1240 d'.   1241 vrevil.
1243 keinem *K.* gefrvm̄ *P.*   1244 mv̇ste] *P nach Bae, auf der Photographie
das e nicht zu lesen.* kvm̄.

1227 hielte] '*ist gegenüber dem durch* 607. 1034 *gesicherten* hulen (hiulen) *nur
eben als störender Schreibfehler für* hulte *zu werten*' *Schr₁.*   1230 begundens *Gr ,*
begunden *R,* begonden *Bae.*

1245 si leisten alle sin gebot,
er was ir herre ane got.
den vride gebot er dvrch not:
er wande den grimmigen tot
vil gewisliche an ime tragen.
1250 wi daz qvam, daz wil ich evh sagen:
zv einem ameizen hvfen wold er gan,
nv biez er si alle stille stan
vnde sagte in vremde mere,
daz er ir herre were. / [175c]
1255 des enwolden si niht volgen,
des wart sin mvt erbolgen.
vor zorne er vf die burc spranc,
mit kranken tieren er do ranc,
in dvchte, daz iz im tete not.
1260 ir lagen da me danne tvsent tot
vnde vil mange sere wunt,
gnvc bleibe ir ovch gesvnt.
sinen zorn er vaste ane in rach,
die bvrk er an den grvnt brach.
1265 er hatte in geschadet ane maze,
do hvb er sich sine straze.
di ameyzen begonden clagen
vnde irn grozen schaden sagen,
den si hatten an irem chvnne.
1270 z[ ]ergangen was ir wunne,
daz waz in ein iemerlicher tac.
der herre, der der burc pflac,
daz was ein ameyz vreisam.
do der vz dem walde qvam,
1275 do vernam er leide mere,
daz sine bvrgere
den grozen schaden mvsten han.
er sprach: 'wer hat ev ditz getan?'
di dannoch niht waren tot,
1280 di clageten vaste ir not:
'wir sin von trewen darzv chvmen:
wir hatten von Vrevele gar vernvmen,
daz wir im solden sin vndertan.

1250 uch *K.* sagē. 1251 ameyzenhoufen *K.* gā *P.* 1253 vn̄. 1261 vn̄.
1268 iren *K.* 1270 zv ergangen. 1280 klagten. 1282 vrevele *P,* vrevel
K. vˈnvm̄ *P.*

1251 *quam er gegan Bae.* 1270 *zegangen R,* z[ ]ergangen *Bae.*

done wolde wir deheinen han
1285 wan evch, des mvzze wir schaden tragen;
er hat uns vil der mage erslagen
vnde dise bvrc zebrochen.
blibet daz vngerochen,
so habe wir vnser ere gar verlorn.'
1290 'ich wolde e den tot korn',
sprach ir herre vnde hvb sich zehant
nach dem lewen, biz daz er in vant
vnder einer linden, da er slief.
der ameyze zv im lief / [175 d]
1295 mit eime grimmigen mvte.
er gedachte: 'herre got der gvte,
wie sol ich gerechen mine diet?
erbiz ich in, ichn trage sin hinnen niht.'
er hatte mangen gedanc —
1300 mit kraft er im in daz ore spranc.
dem kvnege daz zv schaden wart;
do gesach iz Reinhart,
der was verborgen da bi.
si iehent, daz er niht wise si,
1305 der sinen vient versmahen wil.
der lewe gewan do kvmmers vil.
zv dem hirne fvr er vf die richte,
der kvnic vf erschricte
vnde sprach: 'genediger trechtin,
1310 was mac ditz vbeles gesin?
owe daz ich mich versovmet han
gerichtes! des mvz ich trvric stan,
wen es geschiht mir nimmer me.'
der lewe da vil lvte schre.
1315 manic tier daz vernam,
daz vil balde dar qvam,
vnde sprachen: 'was ist ev geschen?'
er sprach: 'mir ist we, daz mvz ich iehen.

1285 von evch *P*, von uch *K*. muze *K*. schadē tᵃgē.   1286 erslagē.
1287 vn̄.   1289 v'lorn.   1291 er herre vn̄. zehāt *P*, dar zehant *K*.   1295 einem
K.   1297f. gerechen mine kint erbize ich in ichn trage hinnen sint *K*.
1298 hinnē *P*. niht] *auf der Photographie kaum zu lesen.*   1299 niht er hatte *K*.
1302 gesach in *K*.   1303 D'.   1304 so wise *K*.   1305 v'smahen.   1306 kvmers.
1308 ovch.   1309 vn.   1311 v'sovmet.   1313 nimm'.   1315 v'nam.
1317 vn̄.   1318 iehē.

---

ich weiz wol, iz ist gotes slac,
1320 wen ich gerichtes niht enpflac.'
einen hof gebot er zehant,
die boten wurden zesant
witen in daz riche.
er wart nemeliche
1325 in eine wisen gesprochen
vber sechs wochen,
dane was wider niht.
an hochgestvle man geriet,
daz was gvt unde stark
1330 vnde coste me dan tvsent mark.
ich nenne evch, wer dar qvam:
aller erste, als ich iz vernam,
daz pantyr vnde der elefant,
der stravz, der wisent wol erkant. / [176a]
1335 der hof harte michel wart:
dar qvam der zobel vnde der mart
vnde der lewart snel
(der trvg ovf ein gvgerel),
beide der hirz vnde der bere
1340 vnde die mvs vnde der scere,
dar qvam der lvchs vnde daz rech,
beide daz kvniclin vnde daz vech,
dar qvam di geiz vnde der wider,
der steinbock hvb sich her nider
1345 von dem gebirge balde,
ovch qvam vz dem walde
der hase vnde daz wilde swin,
der otter vnde daz mvrmendin,
die olpente qvam ovch dare;
1350 der biber vnde der ygele ein schare,
der harm vnde der eychorn
heten den hof vngerne verborn,
der vr vnde Kvnin,
der schele vnde Baldewin,

1327 donen *K*.   1329 vn̄.   1330 vī̄.   1331 uch *K*.   1332 v'nam.
1333 vī̄. Elefant.   1336 vī̄. d'.   1337 vī̄.   1339 vī̄ der Bere.   1340 vī̄.
vī̄. stere *P, K*.   1341 vī̄.   1342 vī̄.   1343 vī̄.   1347 vī̄.   1348 vī̄.
murmedin *K*.   1350 vī̄.   1351 vī̄ der Eychorn.   1352 v'born *P*, ver-
lorn *K*.   1353 vī̄. kvnin.   1354 vī̄. baldewin.

1322 *gesant Bae, vgl. aber Trist. 19445. 19454, W₂.*   1328 geriet] geriht
W₁, man zimbern geriet W₂.   1340 *schere R, scere Bae.*

1355 Reize vnde daz merrint,
Crimil vnde manges tieres kint,
der ich genennen nicht enkan,
wand ich ir kvnde nie gewan,
ver Hersant vnde Ysingrin
1360 qvamen dar vnde die svne sin.
der kvnic gienc an daz gerichte sa.
Reinhart was niht ze hove da;
sine vinde brachte er doch ze not.
der kvnich selbe gebot,
1365 daz si ir brechten liezen sin.
do svchte rechte er Ysengrin:
eines vorsprechen er gerte,
der kvnic in eines gewerte.
daz mvste Brvn der bere sin.
1370 er sprach: 'herre, nv gert Ysengrin
dvrch recht vnde dvrch ewer gvte,
ob ich in missehvte,
daz er min mvze wandel han.'
der kvnic sprach: 'daz si getan.' / [176 b]
1375 'kvnic gewaldic vnde her,
groz laster vnde ser
claget ev her Ysengrin:
daz er hvte des zageles sin
vor evch hi ane stat,
1380 daz was Reinhartes rat.
des schamt sich vaste sin lip.
vrowen Hersante, sin edele wip,
hat er gehonet in dem vride,
den ir gebvtet bi der wide.
1385 daz geschach vber iren danc.'
Crimel do her fvre spranc,
er sprach: 'richer kvnic, vernemt ovch mich!
diese rede ist vngelovblich
vnde mag wol sin gelogen.
1390 wi mochte si min neve genotzogen?
ver Hersant di ist grozer, dan er si.

1355 vn̄.   1356 vn̄.   1359 v' hersant vn̄. ysingrin.   1360 **vn̄.**
1366 ysengrin *P*, sucht er *r*echte her *K.*   1369 brvn.   1370 **ysengrin.**
1371 vn̄.   1373 wädel] *an* d *korr.*   1375 vn.   1376 vn̄.   1377 **klaget**
er hern *K.* ysengrin *P.*   1379 uch *K.*   1381 schamte *K.*   1382 hersante.
1384 gebotet *K.*   1387 v'nemt *P.* ovch] *fehlt K.* m̄/ *P.*   1389 vn̄.
1390 genotzogē.   1391 V' hersant.

1387 mich *R, Bae.*

hat aber ir er gelegen bi
dvrch minne, daz ist wunders niht,
wan svlcher dinge vil geschiht.
1395 nv weste iz iman lvtzel hi:
ver Hersant, nv sait, wi
evch ewer man bringet ze mere?
daz mag evch wesen swere.
dar zv lastert er sine kint,
1400 di schone ivngelinge sint,
ich hore ovh vppiclichen clagen,
daz wil ich evh ver war sagen:
herre kvnik, horet an dirre stat,
schaden kisen, den er hat:
1405 vnde hat hern Ysengrines wip
dvrch Reinharten verwert irn lip
so groz als vmb ein linsin,
daz bvze ich vur den neven min!'
Isingrin begonde aber clagen,
1410 er sprach: 'ir herren, ich wil ev sagen:
der schade beswert mir niht den mvt
halp so vile, so daz laster tvt.'
der kvnic vragete bi dem eide
den hirz, daz ers bescheide, / [176c]
1415 was dar vmbe rechtes mvge sin.
Randolt sprach: 'her Ysengrin
hat vil lasters vertragen —
daz en mag ev niman widersagen —
mit grozen vnmazen.
1420 ez sold in wol erlozen
Reinhart mit sincr kvndikeit.
herre daz sol ev wesen leit.
sold er gehonen edele wip,
phy, was sold in dan der lip?

1393 wunders] r *übergeschrieben.* 1396 hersant *P.* sagt wie *K.* 1397 *vor*
man *ein durch Punkte getilgtes* m. me⁺. 1398 uch *K.* 1401 clagē.
1402 uch *K.* v⁺ war *P.* 1403 h're. 1405 Vn̄. ysengrines. 1406 Rein-
hartē. v'wert. 1408 mī. 1410 h'ren *P.* uch *K.* sagē *P.* 1416 ysen-
grin. 1417 laster *K.* 1418 uch *K.* sagē *P.* 1420 scholde *K.* er-
lozen] z *korrigiert P.* 1422 uch *K.* 1423 scholde *K.* 1424 danne *K.*

1392 er ir *R, Bae.* 1395 lutzel iman *vB, Bae, W₁.* 1403 horet] heizet *W₈.*

1395: *auf MS's Frl. 10, 7:* son weiz doch lützel iemen, wiez under uns
zwein ist getân *verweist W₁.*

1425 ich verteile im bi minem eide
vnde dvrch deheine leide
wen von minen witzen:
ir svllet in besitzen,
vnde mvget ir in gevahen,
1430 so heizet balde gahen,
daz er werde erhangen;
so habt ir ere begangen.'
Der kvnic was selbe erbolgen,
er sprach: 'ir herren, wolt irz volgen?'
1435 si sprachen: 'ia!' alle nach,
zv Reinhartes schaden wart in gach.
iz enwiderredete nieman
wen ein olbente von Thvschalan,
di was vrvmic vnde wis
1440 vnde dar zv vor alter gris.
die vuze leite sie vur sich
vnde sprach: 'er kvnec, vernemt ovh mih!
ich hore mangen gvten knecht
erteiln, daz mich dvncht vnreht;
1445 sine kvnnen sich lichte niht baz verstan.
bi dem eide wil ich vh zv rehte han,
swen man hi ze hove beclage,
ist er hie niht, daz manz im sage
vnde sol in dristvnt vurladen.
1450 kvmet er niht vur, daz ist sin schade
vnde sol im an sin leben gan.
bi dem eide ich ditz erteilet han.'
des wart Ysengrin vnvro.
vil schire volgeten si do / [176 d]
1455 der olbente gemeine,
die tiere groz vnde cleine.
dise rede gevur also.
Scantecler qvam do
vnde vor Pinte zware,
1460 si trvgen vf einer bare
ir tochter tot, daz was ir clag.
di hatte an dem selben tag

1426 vn̄. P. ouch deheine K. 1428 schullet K. 1433 DEr] Initiale herausgehoben. erbolgē. 1434 spᵃch. h'ren. volgē. 1437 redet K. 1438 thvschalan. 1439 vn. 1440 vn. 1441 fuze K. 1442 vn. v'nemt. ovh] fehlt K. m̄ P. 1443 mangē. 1444 dunket K. 1445 kvnen. v'stan. 1446 hā. 1447 hie K. 1449 vn̄. 1450 kumt K. 1451 vn. 1453 ysengrin. 1456 vn̄. 1459 vn̄.

erbizzen der rote Reinhart.
di bare vor den kvnich wart
1465 gesetzet, des begond er sich schamen.
ditz was aber Ysengrines gamen.
Scantecler hvb groze clage,
er sprach: 'kvnik, vernim, was ich dir sage:
dv scholt wizzen gewerliche,
1470 dir hönet Reinhart din riche,
des hat er sich gevlizzen:
owe, er hat mir erbizzen
mine tochter also gvt!'
einen zornigen mvt
1475 gewan der kvnick here,
die clage mv̊et in sere
vnde sprach: 'sam mir min bart,
so mvz der vuchs Reinhart
gewislichen rovmen ditz lant,
1480 oder er hat den tot an der hant.'
Der hase gesach des kvniges zorn,
do want der zage sin verlorn.
daz ist noch der hasen sit.
vor vorchten bestvnt in der rit.
1485 der kvnic hiez singen gan
hern Brvnen, sinen kappelan,
vnde ander sine lereknaben:
der tote wart schire begraben.
der hase leit sich vf daz grab do
1490 vnde entslief, des wart er harte vro,
als ich evch sagen mvz:
do wart im des riten bvz.
der hase vferschricte,
vur den kvnik gienc er enrichte / [177 a]
1495 vnde sagte im vremde mere,
daz daz hvn were
heilick vor gotes gesichte.
do lv̊te man in richte.
si begonden allentsamt iehen,

1465 scham̄.   1466 ysengrines. gam̄.   1468 spᵃch. v'nim.   1477 vn̄.
1480 d'.   1481 DEr] _Initiale herausgehoben._   1482 v'lorn.   1484 d'.
1486 brvnen.   1487 vn̄.   1489 ꭚrab] g _korrigiert aus anderem Buchstaben._
1490 vn̄.   1491 uch _K._   1495 vn̄.   1498 im rihte _K._

1498 die lïute man berihte 'man _unterrichtete das Volk' (von dem vorgefallenen
Wunder) Schr._

... [XIII a (7a)] enphan
des richin kunigis / capilan.
1525 er sprach: 'willichomen, / edile scribare,
nv suln ir mir / sagin mere,
wiez da ze hove / stat;
ich weiz wol, ir sint des / kuniges rat.'
'Da bistu becla/git sere.
1530 alse lieb dir si din ere, /
so kum fur unde entrede dich, /
daz gebutit dir der kunic rich.' /
Reinhart sprach: 'her capilan,
nu suln wir / inbizzen gan,
1535 so vare wir ze / hove deste baz.'
Reinhartis triwe wa/ren laz.
'Einen bv̊m waiz / ich wol,
der ist gûtis honiges / vol.'

1525 sp°ch willichomē.   1529 Da] *Initiale herausgehoben.*   1531 un̄.
1532 dc.   1533 R. sp°ch h'.   1536 Rⁱⁱˢ.   1537 Éinē] *Initiale heraus-*
gehoben.   1538 d'. wol.

1538 vol *Gr, Bae.*

1500 da were ein zeichen geschen
vnde erhvben einen hohen sanc.
des weste Reinharte niman danc;
si baten alle geliche,
daz der kvnic riche
1505 dise vntat vaste richte,
si sprachen: 'zv vnserm angesichte
hat got ein zeichen getan;
Reinhart sold iz vermiden han,
daz er an alle missetat
1510 diesen heiligen gemartirt hat.'
Der kvnic hiez sinen kapelan
hern Brvn nach Reinharten gan.
des wolß er weigern dvrch not,
doch tet er, daz der kvnic gebot:
1515 nach im gienge er in den walt.
Reinhartes liste waren manicfalt,
des mvst engelden al daz lant.
vor sinem loche er in do vant.
daz loch in einem steine was,
1520 da er vor sinen vienden genas.
der bvrck sprichet man noch,
so man si nennet, 'vbel loch'.
Reinhart konde wol enpfan
des richen kvniges kapelan.
1525 'willekvmen, edler schribere',
sprach er, 'nv saget mir mere,
wie iz da ze hove stat.
ich weiz wol, ir sit des kvnges rat'.
'da bistv beklaget sere.
1530 also lieb so dir si din ere,
so kvme vur vnde entrede dich,
man hat nach dir gesendet mich'.
Reinhart sprach: 'her kapelan,
nv svl wir enbizen gan, / [177 b]
1535 so vare wir ze hove dester baz.'
Reinhartes trewen waren laz.
'einen bovm weiz ich wol,
der ist gvtes hôneges vol'.

1501 vn̄. 1502 nimä. 1508 v'miden. 1511 DEr] *Initiale herausgehoben.*
1512 brvn. Reinhartĕ *P, K.* gā *P.* 1515 ginge *K.* 1520 do *K.* 1526 sagt *K.*
1531 vn̄. 1533 REinhart] *Initiale herausgehoben P.* kaplan *K.* 1534 sulle
wir *K.*

'nu wol hin, des gerte ih / ie.'
1540 her Brûn mit *Reinharte* gie.
er / wistin, da ein vilan
einen wec/ke hate getan
in ein bloch / sere geslagin.
der tievil hate in dar getragin.
1545 'her capilan, lie/ber friunt min,
nu svln ir ge/meine sin
unde werbint / mit sinnen,
hie sint vil binen innen.' /
Umbe die binen er doch niht / enliez,
1550 daz hûbet er in daz blûch stiez.
Reinhart den wecke zucte,
daz / bloch zesamene ructe.
Der / capilan was gevangin,
er / mûse inbizin lange.
1555 her Brvn / der scre: 'oho!'
Reinhart sprach: 'wie tûnt // [XIIIb (7 b) ir so?
ich hate ivch wol gewar/not;
ivch dûnt die binen leider / not.
inbizzint gemetliche! /
1560 der kunic ist so riche,/
daz erz / mir wol uergeltin kan.'
do hûb er sich dannan.
Der capilan / begunde sich clagin.
do ge/horte er komin einen wagin, /
1565 des war sin angist grozlich, /
vil harte strebiter hinder sich. /
Der mit deme wagine in / gesach,
nehein wor*t* er do sprach, /
e er widir in daz dorf kam. /

1540 h⁸ br n. R.ᵗᵉ.　　1544 d⁸.　　1545 h⁸. lieb⁸. friunt] n *auf Rasur.*
1547 uñ. sinnen] *über dem* e *ein roter Strich (Gr, Bae).*　1548 binē.　1549 binē.
1550 dc. indc.　1551 R.　1552 dc.　1553 Der] *Initiale herausgehoben.*
1555 h⁸ brvn d⁸.　1556 R. spᵃch.　1558 binē.　1560 d⁸.　1561 dc.
1562 dannā.　1563 Der] *Initiale herausgehoben.*　1564 komē einē.　1566 ste-
biter hind⁸.　1568 wor . . r do spᵘh] *hinter* wor *ein Loch.*　1569 dc.

1545 frunt *Bae.*　　1546 sol iz *vB, Bae.* gemeine] *Lexer 1, 840 verweist auf*
Die Bîhte *(J. Grimm, Reinh. F. S. 393) v. 17—19:* Dô sprach der wolf: 'nû sît
gemein, / und bîhte ie einer den aᵗ dern zwein / daz groeste, daz er habe
getân: 'rückhaltlos sich mitteilend' *(Wackernagel).*　1550 bloch *Bae.*　1559 ge-
metliche 'moderate, vgl. ahd. gemetamên Graff 2, 673' oder gemelliche Gr, ge-
mellîche oder gemenlîche *W₂,* gemechlîche *Bae.*　1565 wart *Bae.*　1566 stre-
biter *Bae.*　1568 wort er do sprach *Gr, Bae.*

'nv wol hin!' sprach er, 'des gert ich ie'.
1540 her Brvn mit Reinharte gie.
　　er wizet in, do ein villan
　　einen weck hat getan
　　in ein bloch vnde hat in dvrchgeslagen —
　　der tevfel hat in dar getragen.
1545 er sprach: 'liber vrvnt min,
　　iz sol allez gemeine sin
　　vnde werbet mit sinnen,
　　hie ist vil binen innen.'
　　vmb die binne ers doch niht liez,
1550 daz hovbet er in daz bloch stiez.
　　Reinhart den wecke inzvckte,
　　daz hovbet er im zedrvckte.
　　der capelan was gevangen,
　　in mochte des ezzens wol belangen.
1555 er Brvn schrei: 'och' vnde 'o',
　　Reinhart sprach: 'wi tvt ir so?
　　ich hatte vch wol gewarnet e.
　　evch tvnt die bine wenic we.
　　nv ezzet gemeliche!
1560 der kvnick ist so riche,
　　daz er mirz wol vergelten kan.'
　　do hvb er sich balde dan.
　　Der capelan begonde sich clagen,
　　do hort er kvmen einen wagen,
1565 des wart sin angest grozlich.
　　vil vaste strebt er hinder sich.
　　do in der wagenman ersach,
　　dehein wort er me sprach,
　　e er wider in daz dorf qvam.

1540 brvn.　1541 wiset in K.　1542 wek K.　1543 vn̄. dvrch geslagē.
1544 getragē.　1547 vn.　1551 in zvckte P, den kiel uz zukte K.　1554 be-
langē.　1555 brvn. ach K. vn.　1557 E.　1558 uch ... wenik me K.
1563 DEr]Initiale herausgehoben. kaplan K. clagē P.　1564 wagē.　1566 hind'.
1568 me] nie K.

1570 ze der kirchen lief er unde nam /
     die glocgesnûre in die hant /
1572 unde lute daz ez scal ubir alliz / daz lant
     unde sturmde sere. / swer daz vernam,
     vil sciere er / zv̂ deme dorfe kam.

1577   Der / gebure sagite mere,
       daz ein / ber were
       in sime bloche haft. /
1580 'daz hat *getan* div gotis craft.
       vil / wol ich ivch dar gewisin kan.' /
       da hûb sich wip unde man. /
       daz warin angistliche dinc.
       do / kam ein stolz spranzinc, /
1585 da er den bern Brunen vant. /
       einen burduz trûc er an der / hant.
       der capilan horte wol / den doz,
       sin angist der was // [XIIIc (8a)] vil groz.
       die fûze sazter an / daz bloch sa
1590 unde zoch sich uz, / doch liez er da
       beide die oren / unde die hût.
       daz honic duhte / in niht ze gût.
       Dannen hûb / sich der bote.
       vernement von selt/saneme spote:
1595 *Reinhart* vor siner bvrc / saz,
       der lechirheite ime nie ver/gaz.
       nu mvgint ir horen, wie er / sprach,
       do er her Brunen also / bloz sach.
       er sprach: 'gvte her / *capilan*,
1600 war hant ir iwer / hûtelin getan?
       hant irz ge/sezzit vmbe win?
       owi, daz / lastir ware min,
       daz ir da / sagetint ze hove mcrc,

1570 uñ nā.   1571 glocge snûre.   1572 uñ. dc. dc.   1573 uñ. dc vernā.
1574 vel.   1577 Der] *Initiale herausgehoben.* gebû.   1578 dc.   1580 dc. *getan*
fehlt.   1581 dar] r *nachgetragen.*   1582 uñ mā.   1583 dc.   1584 spranz . nc.]
spranzinc *von Gr gelesen.*   1585 brunē.   1586 einē.   1587 d'.   1589 dc.
1590 uñ.   1591 orē uñ.   1592 dc.   1593 Dannē] *Initiale herausgehoben.*
der] *übergeschrieben.*   1594 v'nement.   1595 R.   1596 d'. v'gaz.
1597 horen] *übergeschrieben*   1598 h' brunen.   1599 h'. apil . . .   1603 dc.

1577 gebur *Gr,* gebure *Bae.*   1580 getán *Gr, Bae.*   1586 burduz] *frz.*
bourdon, lange Trompete Sch, Stab (ursprl. Pilgerstab) vB, Stange L, Bae, Grund-
bedeutung Pilgerstab, dann pique, lance W₁ und W₃.   1591 den huot *Sch, Bae.*
1599 capilan *Gr, Bae.*

1570 zv der kirchen lief er vnde nam
die glocsnvr in die hant
vnde lvtte die glocgen, di er vant,
vaste zv stvrme, daz der schal
qvam in daz dorf vber al, / [177c]
1575 daz die gebvrc alle
qvamen zv dem schalle.
der gebvre sagte mere,
daz ein bere behafftet were
an meisters iagerschaft:
1580 'daz hat getan die gotes kraft.
vil wol ich evch dar gewisen kan.'
do hvb sich wib vnde man,
daz was ein engestliches dinc.
do qvam ein kvndic sprenzinc,
1585 da er h[ ]ern Brvnen vant,
ein stangen trvc er an der hant.
der kapelan horte wol den doz,
sin angest was michel vnde groz.
die vuze sazte er an daz bloch sa
1590 vnde zoch sich ovz, doch liez er da
beide oren vnde den hvt.
daz honich dvcht in niht ze gvt.
dannen hvb sich der bote.
vernemet von selzeme spote:
1595 Reinhart vor siner bvrck saz,
leckerheite er niht vergaz;
nv horet rechte, wi er sprach,
do er hern Brvnen bloz gesach.
er sprach: 'gvt herre, her kapelan,
1600 war habt ir ewern hvt getan?
hat irn gesetzet vmme win?
owe, daz laster were min,
daz sait ir ze hove mere,

1570 vñ.　　1572 vñ P. gotgen K. vāt P.　　1578 w'e.　　1581 uch K.
1582 vñ.　　1585 he'n brvnen P, do er hern K.　　1586 d'.　　1587 toz K.
1588 vñ. 1589 bloch da K.　　1590 vñ. er sa K.　　1591 da beide K. vñ.
1594 v'nemet. seltsenem K.　　⁀ 1596 v'gaz.　　1598 brvnen.　　1599 h're.
1600 iwrn K.

1579 âne jegers meisterschaft R.　　1603 ir sait Sch, Bae, ir seitet R.

1604 daz ich / bose wirt ware!'

1607   Her Brun / kan ze hove bloz,
        do wart sin / clage vil groz.
        dar kamen / tier gedrungen,
1610 alte ynde / ivnge,
        vnde scowitten die blattin / breit.
        do clagiter die grimmen / leit
        deme kunige, sin capilan. /
        er sprach: 'diz hat mir *Reinhart* getan. /
1615 ich gebot ime, kunic, fur dich; /
        drut herre, nu sich,
        wie er mich / hat gehandelot;
        mir ware / liebir der dot!'
        Der kunic / wart zornic getan
1620 vmbe / sinen drut capilan,
        ime wart // [XIII d (8 b)] sin mût vil sware.
        waz drvm/be reht ware,
        fragiter zehant / den biber.
        er sprach: 'herre da / nist niet wider:
1629 ich verteile ime / lip unde gût,
1630 unde swer ime dehei/nen rat dv̌t,
        der sol in ivwerr̈e / ahte sin.
        daz sprichi̱h bi dem ei/de min.'
        der hirz Randolt sprach: / 'daz ist reht.'
        es gevolgete / manic gv̌t kneht.
1635 der elephant sprach / irbolgin:
        'des wil ich niht ge/volgin.
        ein urteil ist hie vur/komen —
        daz hant ir alle wol ver/nomen —
        die inmac nieman wen/den:
1640 man sol nach ime senden /
        botin vnze an dristunt.
        der / tivel var ime in den munt, /

1604 dc.   1607 Her] *Initiale herausgehoben.* brun.   1611 vn̄ scowittē.
blattī.   1612 grimē.   1613 capilā.   1614 spᵃch. R.   1616 h're.   1619 Der]
Initiale herausgehoben.   1623 bider.   1624 wid'.   1629 v'teile. un̄.   1630 un̄.
1632 dc.   1633 randolt spᵃch dc.   1635 d'. spᵃch.   1637 vur komē.
1638 dc. ver/nomē.   1639 niemā.   1640 mā. nach] a *aus* n *gebessert.*

1623 bibere *Gr*, biber *Bae.*   1639 diz inmac *Sch.*

daz ich boser wirt were.'
1605 Er Brvn vor zorne niht sprach,
wan daz er in vbellich ane sach.
her Brvn qvam zv hove bloz,
sin clage wart michel vnde groz.
do qvamen die tyer gedrvngen,
1610 die alden vnt die ivngen,
vnde schoweten die blatten breit.
do klagte grvndelose leit
dem kvnege sin capelan,
er sprach: 'ditz hat mir Reinhart getan. / [177d]
1615 ich gebot im, kvnic, vur dich.
trvt herre, nv sich,
wie er mich hat bracht zv dirre not;
mir were liber der tot!'
der kvnic wart zorniclich getan
1620 vmme sinen kapelan,
im wart der mvt vil swere.
was dar vmme recht were,
vraget er den biber ze stvnt.
'herre, als mir dar vmme ist chvnt,
1625 so sprich ich bi dem eide
nimanne ze libe noch ze leide
vnde bi der trewe min,
daz hi wider niht sol sin,
ich verteil ime beide lip vnde gvt,
1630 vnde swer im keinen rat tvt,
daz man den ze echte tvn sol.
des mvgen dise herren gevolgen wol.'
Randolt sprach: 'daz ist recht',
des volget manic gvt knecht.
1635 der helfant sprach erbolgen:
'des wil ich niht volgen!
ein vrteil ist hie vurkvmen,
als ir alle hat vernvmen,
daz inmac niman erwenden:
1640 man sol nach im senden
boten me dan dristvnt!
der tevfel var im in den mvnt,

1605 Er] *Initiale herausgehoben.* brvn. spạch. 1606 vintlich an sach *K.*
1607 brvn. 1608 vn̄. 1610 alten *K.* 1611 vn̄. 1614 getā.
1618 wʼe. 1619 zornic *K.* 1623 Biber. 1624 darumbe *K.* chv̄t *P.*
1627 vn̄. 1629 vn̄. 1630 vn̄. 1632 hʼren. gevolgē. 1637 kvm̄.
1638 vʼnvm̄.

1641 *niht mē W₁.*

swer liege bi diseme eide
ie/man zeleide!'
1645   Des wart do / gevolgot.
des kam Diebreht ze / not.
der kunic hiez in vur in / stan,
er sprach: 'du solt nach *Reinharte* / gan.'
do sprach Diebreht:
1650 'herre, daz / lan ich an reht:
er ist min lie/bir kunnelinc.'
'dv enmaht durh / dehein dinc
sin vber werdin', / sprach Randolt,
'*ir* sint ein an/dir doch borholt!'
1655 'Der kvnic gebot imez an den lip.
Die/breht sprach: 'nu han ich cit.'
er // [XIVa (9a)] hůb sich harte balde.
do vant / er in deme walde
sinen neuen *Reinhart*, /
1660 der kunde manigen vbil art. /.
nu horint, wie *Reinhart* sprach,
do er sinen / neuen ane sach.
er sprach: 'willikomen, sippeblůt!
wie we mir min herze / tv̂t,
1665 daz du mich hast vermiten so, /
ich newart nie gastes so fro.' /
Diebreht sprach: 'des habe / danch!
ez duhte oh mih harte / lanch.
der kunic hat mich ze dir / gesant
1670 vnde swert sere, daz dv ime / daz lant
rumist, kumistu vur / niet.
vf dich clagit alliv div / diet.
dv hast vil vbile getan, /
daz dv den capilan
1675 wider santest / ane hv̂t.'
Reinhart sprach: 'neve gv̂t,
ich / gesach her Brun zeware
niht in / diseme iare,

1644 ie/mã.   1645 Des] *Initiale herausgehoben.*   1646 kā diebreht.
1647 dᵉ.   1648 Rᵗᵉ.   1649 Do spᵃch diebreht.   1650 h're dc.
1653 randolt.   1654 er sint. bor holt.   1655 Der] *Initiale herausgehoben.*
1656 die/breht. spᵃch.   1659 sinē neuē R.   1660 manigē.   1661 R. spᵃch.
1662 sinē neuē.   1663 spᵃch willikomē.   1664 min *übergeschrieben.*   1665 dc.
v'mitē.   1667 Diebreht] *Initiale herausgehoben.*   1668 lāch.   1669 dᵉ.
1670 uñ.   dc. dc.   1674 dc.   1676 R.   1677 h'. brun.

1654 *ir ensint Bae.*   1677 ichn *Bae.*

swer liege bi sinem eide
iman ze libe oder ze leide!'
1645 des volgten si, wan iz was reht.
des qvam ze not her Dypreht.
Der kvnic hie in fvr sich stan
vnde nach Reinharte gan.
do sprach Dipreht zv stvnt:
1650 'daz lantrecht ist mir niht kvnt;
herre, er ist min kvllinc.'
'dvne macht dvrch keine dinc
dises vberwerden', sprach Randolt,
'ir sit ein ander enborholt'. / [178a]
1655 der kvnic iz im an den lip gebot.
Diprecht sprach: 'ditz tvt mir not.'
er hvb sich harte balde.
do vant er in dem walde
sinen neven, der da hiez Reinhart,
1660 der hatte mange vbele art.
nv vernemet, wie Reinhart sprach,
do er sinen neven an sach:
Er sprach: 'willekvme, sippeblvt!
vil we mir min herze tvt,
1665 daz dv mich hast vermiden so.
ich enwart nie gastes so vro.'
Diprecht sprach: 'nv habe danc!
iz dvncket ovch mich harte lanc.
der kvnic hat mich zv dir gesant
1670 vnde swert, daz dv ime daz lant
rvmest, kvmestv vur nicht.
vber dich klaget alle dit.
dv hast vil vbele getan,
daz dv sinen kapelan
1675 wider santest ane hvt.'
Reinhart sprach: 'neve gvt,
ichn gesach hern Brvn zwar
nie in disem iar,

1647 DEr] *Initiale herausgehoben.*   1648 vn̄.   1650 lantrecht] *erstes* t
übergeschrieben.   1660 ubel *K.*   1661 vernemt *K.* sp̄ch *P.*   1663 Er] *Ini-
tiale herausgehoben.* wilkume *K.* Sippe blv̇t *P.*   1664 h'ze.   1665 v'miden.
1670 vn̄.   1672 diet *K.*   1674 kaplan *K.*   1677 brvn.

1654 ir *ensit Bae.*

wan do mich iagi/te Isingrin.
1680 waʒ sagistv mir, ne/ve min?
woltistv sammir gan, /
ich gebe dir gerne des ih han: /
ich han hie ein ode hus,
da han / ich inne manige mus
1685 gehaltin / minin gestin,
da nim dv dir die / bestin.'
Div naht was heiter / unde lieht,
sinen neven *Reinhart* da verriet. /
ze deme hus fûrter in sa.
1690 Die/brehte wart ze der spise ze ga. /
da lac ein gebur inne,
deme // [XIVb (9b)] michel unminne
Reinhart hate gi/tan.
daz mûse uf Diebrehten gan. /
1695 einen stric rihter vur ein loch, /
also dûnt gnûge lute och noh. /
Reinharte was da gelagot,
des kam / sin neue [ ] in groze not.
dar in was Diebrehte gah,
1700 do / viel er in den stric sa.
daz gehor/te des geburis wip,
1702 siv sprach: / 'uf, semmir min lip!'

1705 der gebur / fûr uf unde irscricte . . .
eine hepin / mit der hant
unde hûp sich, da er / Diebrehten vant.
er wande, daz / ez ware *Reinhart.*
1710 Diebrehtin rŏ div / vart.
vil harte grogezende / er screi.
der gebur slûc die snûr / in zvei:
daz kam von der vinsterin. /

1679 ising]n.   1680 wan.   1685 gehaltĩ.   1686 nĩ.   1687 Div] *Initiale
herausgehoben.* heit'. uñ.   1688 sinē nevē. R. v'riet.   1690 die/ brehte.   1693 R.
1694 dc. diebrehten.   1695 einã.   1697 Rᵗᵉ.   1698 neue inneue ingroze not.
1699 diebrehte.   1701 dc.   1702 spᵘch.   1705—07 d' gebur fûr uf uñ
rscricte eine hepin mit d' hant] *ohne Lücke.*   1708 uñ. diebrehten.   1709 dc.
R.   1710 diebrehtin.   1712 d'.   1713 dc kã.

1680 waʒ *Bae, vgl.* P.   1691 gebur] *für ein ursprüngliches* pfaffe *hier
und im folgenden* Gr, Vorelzsch, St, L, W₁, Bae, *für ursprüngliches* gebûre
Sch, vB.   1702 sam mir *Bae.*   1705—07 der heilige êwarte Ûte vil drâte, *eine
hepin* nam er *mit der hant* Bae, der heilige êwarte fuor ûf unde krifte drâte *eine
hepin mit der hant* W₂.

wen do mich iagt her Ysengrin.
1680 was sagest dv mir, neve min?
woldest dv mit mir gan,
ich gebe dir gerne, des ich han.
ich han hie ein veste hvs,
da inne han ich mange mvs
1685 behalden minen gesten.
da nim dv dir die besten.'
die nacht harte liecht wart,
sinen neven verriet do Reinhart.
Zv dem hvse vurt er in do.
1690 Dyprecht was der spise vro.
da lag ein pfaffe inne,
dem michel vnminne
Reinhart hat getan,
daz mvste vf Diprechten gan. / [178 b]
1695 einen stric richt er vur ein hol loch,
daz tvnt ovch gnvge levte noch.
Reinharte da gelaget was,
sin neve da mit not genas.
Diprechte was in den strick gach,
1700 nv was er gevangen nach.
daz gehorte des pfaffen wip,
si sprach: 'vf, sam mir min lip!
den vuchs wir gevangen han,
der vns den schaden hat getan!'
1705 der heilige ewarte
ilte vil drate,
eine kippen nam er in die hant
vnde hvp sich, do er Diprechten vant.
er wante, iz were Reinhart.
1710 Diprechten gerow die vart,
vil vaste worgende er do schrei.
der pfaffe slvc di snvr enzwei,
daz qvam von den vinsterin.

1679 ysengrin. 1680 wan. 1686 do *K.* 1688 v'riet. 1689 Zv]
Initiale herausgehoben. 1691 lage *K.* 1694 diprechten. 1695 holloch *K.*
1697 do *K.* 1698 do *K.* 1699 gach] *auf Rasur.* 1705 e / warte. 1707 hät.
1708 vn̄. diprechtē. vāt. 1713 dem *K.*

1680 wan] wân *'Einbildungen bringst du vor'* W₁, was *Bae,* wan *'warum
nicht', eine Lücke nach* min W₂. 1695 ein [ ]loch *Sch, Bae.*

    Diebreht wolte dannin sin,
1715 .dem / det ir sciere vil gelich:
    wider / uz hûb er sich.
      Des geburis / wip da inne
    irhvb ein unminne: /
    ze deme orin slûc si in mit der /hant;
1720 vil sciere siv ein schit vant, /
    da mite zirblŏ siv ime den lip. /
    wan Werinburc, daz kamir wip, /
    so hatir verlorn daz lebin.
    si sprah: / 'mir hati got gegebin
1725 Reinharten, den / hant ir mir genomin.'
    'frowe', / ez ist mir ubile komin',
    sprach der geberte geburman, /
    'nu lant // [XIVc (10a)] mih iwer hulde han.'
    Diebreht lie die muse da,
1730 dannan / wart ime harte ga.
    do lief / er al die naht
    wider ze houe / mit grozir maht.
    er vant den / kunic des morgenes frû,
    mit / sime stricke gie er da zû. /
1735 do clagite vil harte
    Diebreht / von Reinharte.
    er sprach: 'kunic, / ich was in not.
    mir wolte Reinhart den dot /
    frumen in iwir botescaft,
1740 do / beschirnde mih div gotis craft.
    herre, ich vnde iwer capilan
    suln / nimme nah ime gan.'
      Den / kunic mûte div clage,
    ovch / swar in sin s . . . ge.
1745 der zorn / gie ime . . .

1714 diebreht.   1716 wid'. hûber.   1717 Des] *Initiale herausgehoben.*
1719 mit] *an* m *ist korrigiert und radiert.* d'.   1720 vät.   1721 zir blŏ.
1722 werinburc dc.   1723 v'lorn dc.   1725 R.ᵗᵉⁿ.   1727 spᵃch. d'.
geburmā.   1729 Die/breht] *Initiale herausgehoben.*   1730 dannā.   1732 w. der.
1733 de'.   1736 diebreht. reinharte.   1737 spᵃch.   1738 mir] *übergeschrieben.*
R. dē.   1739 frumā.   1741 h're. vn̄.   1742 nime.   1743 Den] *Initiale*
herausgehoben.   1744 siechet age] *von Gr noch gelesen.*   1745 d'.   1745—54 *sowie*
1781—90 *zum großen Teil zerstört durch den Eintrag:* Melsingen de Anno ₛ 14
/ Berechent vff frietag / nach triū regum Anno XVᵉ XV. / nō aᵉ 150 x schult
(von Gr gelesen).

    1724 *lies:* hatī =hâtin ₛW₂.   1727 geburmā] kapelan *Bae.*   1745—54 *in*
Gr's Ergänzung: 1745 [harte nähen,].

Diprecht wolde dannen sin,
1715 dem tet er wol gelich zehant:
wider vz qvam er schire gerant.
des pfaffen wip darinne
erhub ein vmminne:
zv dem oren slvc si in zehant,
1720 vil schire si ein schit vant,
da mite zvblov si im den lip,
vnde were Werenbvrc, sin kamerwip,
so het er verlorn sin leben.
si sprach: 'mir hat got gegeben
1725 Reinharten, den hat er mir benvmen.'
'vrowe, iz ist mir vbel kvmen',
sprach der geberte kapelan,
'nv lazet mich ewer hvlde han!'
Diprecht liez die mv̈se da,
1730 dannen hvb er sich sa.
do lief er alle die nacht
wider zv hove mit grozer macht.
er vant den kvnic des morgens vrv,
mit sinem stricke gie er da zv. / [178 c]
1735 er clagte vil harte
dem kvnege von Reinharte,
er sprach: 'kvnic, ich was in not,
mir wolde Reinhart den tot
vrvmen in ewer botschaft.
1740 do beschirmt mich die gotes kraft.
herre, ich vnde ewer kapelan
svln niht me nach Reinharte gan.'
den kvnich mvte die klage,
ovch tet im we sin siechtage.
1745 der zorn im harte nachen gienc.

... / te er die ...

... / daz er in ...

... / tûnne h ...

... / ten ane ...

1750 ... / gehande ...

... / ebires m ...

... / ime ere ...

... / sinen li.

... / sin wip

1755 vnde ze weisin div kint / sin.'

'des gevolgich', sprach Isingrin.

Der kunic fragite alumbe /

wise vnde tumbe,

ob sies woltin / gevolgin div diett.

1760 Crimel insun // [XIV d (10b)] de sich do niet

er sprach: 'kunic / edil vnde gût,

obe nv her Brun sinen / hv̇t

ane mines neuen sculde hat / verlorn,

so machet er uppigen / zorn.

1765 nv hat ovch Diebreht

vil / lihte vnreht,

er det *Reinharte* haz. /

dar umbe sol nieman daz

ertei/lin, daz ist ein ende,

1770 daz iwer ere / swende

odir iwirn hof swache, /

des man anderswa gelache, /

noh durh neheiner slahte mieten, /

man sol einost noh gebieten

1775 hervur / deme neuen min.'

Der kunic / sprach: 'daz mûstu selbe sin,

1755 vn̄. div kīt.   1756 ising'n.   1757 Der] *Initiale herausgehoben.*
1758 vn̄.   1759 woltī.   1760 crimel.   1761 vn̄.   1762 h' brun sinē.
1763 neuē. v'lorn.   1764 uppigē.   1765 diebreht.   1767 det] *aus* d ete.
R.ᵗᵉ.   1768 niemā. dc.   1769 dc.   1770 dc.   1772 mā and'swa.
1774 mā. gebietē.   1775 h'v̇ur. dēme neuē mī.   1776 Der] *Initiale heraus-
gehoben.* dc.

1746 [*do erscrac*] te er die [*ez sâhen.*]   1747 [*er gebôt dem ebire,*] daz er
i[*me sagete,*]. (1745—47 *nach vB:* der zorn gie im *harte nâ. dô* tete er die *vrâge
sâ dem ebire, nach W₂:* gie im *harte nâ* dô *vrage*te er die *mære dâ den*
ebir,).   1748 [*waz er ze*] tûnne h[*abete,*].   1749 [*daz sîne bo*]ten ane [*nôt*].
1750 [*wâren sus*] gehande [*lôt (gehandelt von* Gr *noch gelesen)*].   1751 [*er-
zurnet was des (diese zwei Worte von* Gr *noch gelesen)*] ebires m[*uot.*].   1752 [*er
sprach: 'ich verteil*] ime ere [*unde guot*].   1753 [*unde ze âhte*] sinen li[p (p *von
Gr noch gelesen)*].   1754 [*unde zeiner witewen*] sin wip.

den eber er ze vragen gefienc,
daz er im sagte mere,
was sines rechtes drvmme were,
daz sine boten her Brvn vnde Diprecht
1750 svst gehandelt waren an recht.
erzvrnet was des ebers mvt,
er sprach: 'ich verteile im ere vnde gvt
vnde zv echte sinen lip
vnde zv einer witwen sin wip
1755 vnde zv weisen die kint sin.'
'des volge ich', sprach Ysengrin.
der kvnic vragete alvmme
di wisen vnde tvmmen,
ob iz wolde volgen die diet.
1760 Crimel insvmete sich da niet,
er sprach: 'kvnic edel vnde gut,
ob er Brvn sinen hvt
an mines neven schvlde hat verlorn,
so machet er vppigen zorn;
1765 nv hat ovch her Diprecht,
herre, vil lichte vnrecht.
er ist Reinharte gehaz.
dar vmme sol ovch niman daz
erteilen, daz ist ein ende,
1770 daz ewer ere schende,
vnde ewern hof geswachen,
des man anderswa mag lachen,
noch dvrch deheine mieten,
wen man sal im noch eines gebieten, / [178 d]
1775 her vur, dem neven min.'
'der bote', sprach der kvnic, 'daz must du selbe sin,

1746 Eber. gefienc] *ursprünglich* enpfienc, *die drei ersten Buchstaben durch Punkte getilgt, übergeschrieben* ge P, enpfierc K. 1748 drvme. 1749 brvn vn diprecht. 1752 v'teile. vn. 1753 vn. . 1754 vn. 1755 vn. 1756 ysengrin. 1757 vraget K. 1758 vn. 1760 Grimel ensumet K. 1761 vn. 1762 brvn. 1763 v'lorn. 1771 vn. geswachē. 1772 lachē. 1773 mietē. 1774 gebieten] enbietē, *über den ersten beiden Buchstaben, die vielleicht durch Punkte getilgt sind,* ge. 1775 den K. 1776 du] *auf der Photographie kaum zu lesen.*

daz / gebut ich dir an din lebin.
obe / got wil, dir sol gebin
din neve / ... brot.'
1780 in wart ze lachen / ...
   ... es luzil / ...
   ... sih dan / ...
   ... sicherlinc /
   ... c
1785 vnde fre / ...
   ... ezare /
   ... varlich /
   ... ich
   er hat / ...
1790 ... Isingrines / not.
swer gihet, daz ez gelogin / si,
den lat er siner gebe fri. /
   Nu suln wir herwider van,
dá / wir die rede han verlan.
1795 ze Reinhartis / burc ho
vûr Crimel, des wart // ...

1777 dc.   1779 dc botē brot] *von Gr noch gelesen.*   1780 lachenne allen not] *ebenso.*   1783 sicherlīc *oder* suherlīc] *nicht zu entscheiden.* 1785 vn̄.   1790 ising]nes.   1791 sw . r gi . et (gihet *von Gr noch gelesen*) dc ez gelogī.   1793 Nu] *Initiale herausgehoben.* h' wid'.   1794 v'lan.   1795 Rtis. 1796 crimel.

1781—90 *in Gr's Ergänzung, doch hat Gr, z. T. auch Bae, die folgenden jetzt, auf der Photographie wenigstens, unleserlichen Worte bzw. Buchstaben noch gelesen*   1781 Crimelē d, 1782 er, 1783 nē, 1784 dinc, 1786 ic h ezare, 1787 g e w arlich, 1788 h e i nrich, 1790 vmbe:
   1781 [Crimelen d]es luzil [*angist nam*].   1782 [*sciere* hu ob er] sih dan[*nân*]. 1783 [*unde suohte* sînen] sweherlinc.   1784 [*nú vernement seltsániu* din]c. 1785 vnde fre[*midiu máre*].   1786 [*der die* G̃lîch]ezâre.   1787 [*iu kunde* gĩt *vil* gew]ârlih.   1788 [*der ist geheizen* Heinr]ih.   1789 er hât [*daz* bu och ge- diht̃ôt].   1790 [umbe] Ĩsingrī nes nôt.
   Anders als Gr ergänzt 1781—82 W₃ Crimelen *gie des luzil angist an, ze walde* huob er sih dannán, W₄ Crimele *des luzil angist na. ze walde* hũb *er sih* danna. 1783 *vB* sippelinc, W₃ sicherlinc, W, *sciere vn* sũhte *sine* sicherlinc.   1786 Bae *der* der, W₂ *der* von dem.   1787 W₃ *in* (!) *kunde* gĩt, Bae, W₃ *gewârlich (ohne vil),* W₄ *ivch kunde git sit gewarlich.*   1789 Sch, L, Bae *diu buoch gesamenôt.*
   Zu 1783 sicherlinc] *Überzeugend erweist* V. J u n k, *Anz. d. Akad. d. Wiss. in Wien ph.-h. Kl. 64. Jg., 1927, S. 175—179, ohne Kenntnis dieser Stelle das Wort als einen term. techn. der Rechtssprache aus Rudolfs v. Ems Alexander v. 19 597 n. 19 689: einer, der sicherheit leistet, ein Bündnis eingeht, im prägnanten Sinne ein Vertragschließender, allgemeiner ein Verbündeter, Genosse. Letzteres entspricht genau der Stellung des Dachses zu Reinhart, wie es v. 1114—1116, 1386 ff. u. 1760 ff. schildern.*

vnde gebiete dirs an din leben.
ob got wil, dir sol geben
din neve daz botenbrot.'
1780 in wart ze lachen allen not.
Crimele des lvtzel angest nam,
vil schire er in den walt qvam
vnde svchte sinen kvllinc.
nv vernemet seltzene dinc
1785 vnde vremde mere,
der die glichesere
v kvnde geit, wen si sint gewerlich.
[ ] er ist geheizen Heinrich,
der hat die bvch zesamene geleit
1790 von Isengrines arbeit.
swer wil, daz iz gelogen si,
den lat er siner gabe vri.
nv svl wir her wider van,
da wir die rede han verlan.
1795 zv Reinhartes bvrk do
vur Krimel, des wart vil vro
der wirt, als er in gesach.
lachende er zv im sprach:
'willekvme, neve! dv solt mir sagen,
1800 was si zv hove vber mich clagen.'
'dir drewet vreisliche',
sprach er, 'der kvnic riche.
er horet von dir groze clage:
swi dv hevte an diesem tage
1805 nicht vur kvmest, so rvme ditz lant,
oder dv hast den tot an der hant!
kvmest dv aber vur gerichte
zv Isengrines gesichte,
dich verteilet alle die diet.'

1777 vn̄. gebiet K.   1781 Krimel K.   1783 vn̄.   1784 vernemt K.
1786 der die glichsenere K ('im Kod. nere durchgestrichen, darüber re, doch
darunter das Restitutionszeichen' R).   1787 gewerlich] r übergeschrieben.
1788 wan er P. heinrich.   1791 si] davor durchstrichenes sin.   1794 v'lan.
1795 burktor K.   1796 ver] P, K. krimel P.   1799 wilkume K. sagē.
1800 clagē.   1801 trewet K. vreisliche] das letzte e auf Rasur, die sich noch
etwa 16 Buchstaben weit über die Zeile erstreckt.   1805 kumst K. roume K.

1786 der de Glichesære GrAusg, der der Gl. R.   1787 wen sie sint] GrAusg
weggelassen, wen weggelassen R.   1788 wan] weggelassen von GrAusg, R, Bae.
1796 vur Bae.

[XVb (11)]   ... r sih
      der riche got / ...
      vor bosin lugenarin /
      ... ;iht beswarin
1835 Reinhart ze / ...
      ... nic tier freisam /
      ... ıdir
      nu mugint / ... dir
      wa Reinhart her gat /
1840 ... gehonit hat
      ez / ... ein mist
      der sie bei / ... ıf ein ris
      daz solte / ... gin niht

1832 d'.   1833 lugenari.   1834 beswari.   1835 R.   1839 R. h'gat.
1842 d'.

1831—1902 *durch Zerschneiden des Blattes zum großen Teil zerstört (s. Einl. S. III). Ergänzungen nach Gr und Bae, wenn nicht anders bezeichnet.* 1831 [*ein crûze macheter v*]ur sih. 1832 der rîche got [*beware (nú Bae) mi*]h. 1833 vor bôsin lugenärin. 1834 [*daz si mih*] niht beswârin. 1835 Reinhart ze [*hove kam*]. 1836 [*ma*]nic tier freisam. 1837 [*sprah albesu*]ndir. 1838 nu mugint [*ir sehin wun*]dir. 1839 wa Reinhart her gat. 1840 [*der Hersint*] (Gr), [*der manic tier*] (Bae), gehônit hât. 1841 ez [*touc nœwederez*] ein mist (Gr), e[*r ist vroun Hersinde a*]mîs[] (Bae). 1842 der sie bei[*de hienge*] ûf ein rîs. 1843 daz solte [*nieman cla*]gin niht.

1810 er sprach: 'dar vmme laz ich iz niht.
iz enwirt mir nimmer me verwizzen.'
si sazen nider vnde enbizzen.
    Do der tisch erhaben wart,
zv hant hvb sich Reinhart / [179a]
1815 vil wunderliche drate
in sine kemenate
vnde nam sin houegewant,
daz aller beste, daz er dar inne vant,
eine wallekappen linin,
1820 vnde slof san dar in.
her nam eines arztes sack —
nieman evch gezelen mack
Reinhartes kvndikeit —,
er gienc, als der bvchsen treit,
1825 beide nelikin vnde cynemin,
als er solde ein arzet sin.
er trvg mange wurtz vnerkant.
einen stab nam er an die hant,
ze hove hvb er sich balde
1830 mit sinem neven vz dem walde.
ein crvze macht er vur sich,
er sprach: 'got beware nv mich
vor bosen lvgeneren,
daz si mich niht besweren.'
1835   Do Reinhart ze hove qvam,
manic tier vreisam
sprach albesvndern:
'nv mvget ir sehen wunder,
wa Reinhart her gat,
1840 der manic tier gehonet hat.
er ist vorn Hersantes amis:
der si beide hienge vf ein ris,
daz solde niman clagen niht;

1810 darumbe *K.*   1811 izn *K.* v'wizz..] *P die letzten Buchstaben auf der Photographie nicht zu lesen.*   1812 vn̄.   1813 Do] *Initiale herausgehoben.* 1817 vn̄.   1818 vät.   1820 vn.   1822 uch *K.*   1825 vn̄.   1826 er solde *P.*   1828 in die *K.*   1832 bewar *K.*   1835 Do] *Initiale herausgehoben.* 1839 wo *K.*   1841 hersantes.

1826 *sam oder als* er *L, als* er *Bae.*   1841 Hersante *W₂.*

1844 waz solte / . . . iht
   a *Reinhart* gie an den / . . .
   b der kunic hiez in fur / . . .
1845 . . . zurneten guten kneh / . . .
   . . . groz gebrehte /
   . . . sere Isingrin
   daz div / . . . e sin
   ware geho / . . . capilan
1850 er hat ovch / . . . began

1853 nu lant . . . twenkin
   ir suln / . . . kin
1855 wan er ist / . . .
   . . . verratere
   Scanti / . . . sin kint
   er sprah / . . . wizzin wol daz ir / . . .
   . . . rehtir rihtare
1860 von / . . . arte sware
   daz ir / . . . ge lant stan
   disen / . . . suln in heizin han /
   . . . pe Diezelin
   henkint / . . . en min
1865 *Reinhar*tis liste / . . . roz
   er sprach kunic / [XV c (12)] waz sol dirre do . . . /
   . . . manigen hof ko . . . /
   . . . tin han vernomen /

1844a R. b d'.   1845 zurnetē gutē.   1847 isingⁱn.   1848 dc.
1849 capilā.   1855 wā.   1856 v'ratere.   1858 spᵘh. wizzī. dc.   1860 vō.
1861 dc.   1863 diezelī.   1864 henkīt. ē.   1865 R.ᵗⁱˢ] *Initiale heraus-*
gehoben.   1867 manigē.   1868 v'nomen.

1844 waz solte [*ir der bôsew*]iht.   1844a Reinhart gie an den [. . . *plân*
(*event.: lêweplân, vgl. Parz. 64, 14*)] (*Gr*), [*rinc stân*] (*Bae*).   1844b der kunic hiez
in fur [*sih stân*] (*Gr*), [*in gán*] (*Bae*).   1845 [*die ir*] zurneten guten kneh*te*.
1846 [*macheten*] (*Gr*), [*machten ein*] (*Bae*), [*huoben*] (*W₃*) groz gebrehte.
1847 [*dô clagite*] sêre Isingrin.   1848 daz diu [*liebe frow*]e sin.   1849 wâre
gehô[*nit. dô sprah der*] capilân.   1850 er hât ouch [*mêr lasters*] (*Gr*), [*laster
an mir*] (*Bae*), [*leide an mir*] (*W₃*) begân.   1853 nû lânt [*in niht en*]twenkin.
1854 ir suln [*in heizen hen*] kin.   1855 wan er ist [*ze wâre*].   1856 [*ein*]
verrâtáre (*Gr*), verrâtêre (*Bae*).   1857 Scanti[*clér clagite*] sin kint.   1858 er
sprach [*kunic wir*] wizzin wol daz ir [*sint*].   1859 [*unsir*] rehtir rihtâre.
1860 von [*diu ist uns h*]arte sware.   1861 daz ir [*sô* (*Gr*), *alsô* (*Bae*) *lan*]ge
lânt stân.   1862 disen [*morder ir*] suln in heizin hân.   1863 [*dô sprah der
rap*]pe (*Gr*), rape (*Bae*) Diezelin.   1864 henkint [*hêrre den nev*]en min.
1865 Reinhartis liste [*wârin g*]rôz.   1866 er sprach kunic waz sol dirre dô[*z*].
1867 [*ih bin an*] manigen hof kom[*en*].   1868 [*daz ih sel*]tin hân vernemen.

was solde ir der bosewiht?'

1845 di erzvrnten knechte
schreiten uf in von rechte.
do clagte sere er Isengrin,
daz im were daz wip sin
gehonet. do sprach der kapelan:
1850 'er hat ovch mir leide getan.'
Dipreht sprach: 'herre kvnic, sehet, wi er stat,
der evch vil lasters erboten hat!
nv lazet in evch niht entwenken,
ir svlt in heizen hengen, / [179b]
1855 wend er ist zware
ein verrataere.'
Scantecler clagte sin kint,
er sprach: 'kvnic, wir wizzen wol, daz ir sint
vnser rechte richtere,
1860 dar vmb ist vil swere,
daz ir disen morder lazet stan.
man solde in nv erhangen han.'
do sprach der rabe Dyzelin:
'herre, henget den neven min.'
1865   Reinhartes liste waren gros,
er sprach: 'kvnic, was sol dirre doz?
ich bin in mangen hof kvmen,
daz ich selden han vernvmen

1847 so *K.* isengrin.   1848 in *K.*   1849 kaplan.   1851 h're.
1852 uch *K.*   1855 wenne *K.*   1860 darumbe *K.*   1863 Rabe.
1865 REinhartes] *Initiale herausgehoben.*   1866 waz sol kunic *K.*
1867 manigen *K.*   1868 v'nvmen.

7*

... gezoginheit
1870 des ... / vur ivch leit
     D ... / reht
     do verbot er ... /
     Reinhart sprach uch inbut ... / sin
     richir kunic ... /
1875 ein arzat von Salt ... /
     ... ere gerne
     der zv̇ alle ... /
     ... de die altin vnde die k ... /
     ... iv an dem libe iet
1880 ... / sie vberwinden niet /
     ... was ze Salerne
     da ... / gerne
     vch hulfe vo ... /
     ... he wol daz uch grı ... /
1885 ... hûbet swaz ez si
     ... / stin Bendin
     daz ... / latewaria

1890 daz le ... / iesa
     vnde liez slif ... /
     Reinhart sprah manic dorı
     ... / den fûz gestochi ...
     ... / wochin
1895 daz dòt m ... / te we
     uch inbiet ... / te me

1871 D] *Initiale herausgehoben.*   1871 v'bot.   1873 R sp*a*ch.   1876 g'ne.
1877 d'zů.   1878 altī vn̄.   1880 vb'.   1881 salerne.   1882 g'ne.
1884 dc.   1886 bendin.   1887 dc.   1890 dc.   1891 vn̄.   1892 R
sp*a*ch.   1895 dc.

1869 [*solhe un*] gezoginheit.   1870 dês [*wár ez (Gr), daz (Bae) ist mir*]
vur iuch leit.   1871 D[*er kunic sprah daz ist*] reht.   1872 dô verbôt er [*ubir-
braht (Gr), ubirbreht (Sch, Bae)*].   1873 Reinhart sprach ûch inbûte[*t den
dienest*] sîn.   1874 rîchir kunic [*meister Bendîn*].   1875 ein arzât von Sale[*rne*].
1876 [*der sâhe iwer*] âre gerne.   1877 dârzuo alle d[*ie dâ sint*].   1878 [*bei*]de
die altin unde die k[*int*].   1879 [*gescihet*] iu an dem libe iet (iht, *Gr*).
1880 d[*az enmugen*] sie uberwinden niet (niht, *Gr*).   1881 [*hêrre ih*] was ze
Salerne.   1882 da[*rumbe daz ih*] gerne.   1883 uch (iuh, *Gr*) hulfe vo[*n dem
ubile*], iu hulfe vo[*nme siechtage*] (*W₂*).   1884 [*ih si*]he wol daz ûch (iu, *Gr*)
gru[*bile*], iu gr[*abe*] (*W₂*).   1885 [*in dem*], [*iet in dem*] (*W₂*), houbet swaz ez sî.
1886 [*iu enbiutet (Gr), ûch inbûtet (Bae) mei*]stir Bendîn.   1887 daz [*ir ezzet
(Gr), ezzent (Bae) dise (Bae), dirre (W₂)*] latewâriâ.   1890 daz le[*istih sprah
der kunic*] iesâ.   1891 unde liez slîf[*en sînen zorn*].   1892 Reinhart sprah
manic dorn.   1893 [*hât mih in*] den fuoz gestochi[*n*].   1894 [*in disen siben*]
wochin.   1895 daz duot m[*ir kunic har*]te wê.   1896 ûch (iu, *Gr*) inbiet[*ent
die arzâ*]te mê.

solche vngezogenheit.
1870 des war, iz ist mir vur evh leit.'
der kvnic sprach: 'iz ist also.'
vberbrechten verbot man do.
Reinhart sprach: 'evch enpevtet den dienst sin,
reicher kvnich, meister Pendin,
1875 ein artzt von Salerne,
der sehe ewer ere gerne,
vnde dar zv alle, di da sint,
beide di alden vnt di kint.
vnde geschiht evch an dem libe icht,
1880 daz enmvgen si vberwinden niht.
herre, ich was zv Salerne
dar vmme, daz ich gerne
evh hvlfe von diesen sichtagen.
ich weiz wol, daz allez ewer clagen
1885 in dem hovbet ist, swaz iz mvge sin.
evch enpevtet meister Bendin,
daz ir evh niht svlt vergezzen,
irn svlt tegliche ezzen
dirre lactewerien, di er evh hat gesant.'
1890 'daz leist ich', sprach der kvnic ze hant
vnde liez slifen sinen zorn.
Reinhart sprach: 'vil manic dorn
hat mich in den fvz gestochen
in disen siben wochen, / [179 c]
1895 daz tvt mir, kvnic, harte we.
evch enpevtet der arzet me,

1869 vngezogenheit] *das zweite g korrig.*   1873 uch *K.*   1874 pendin.
1877 vn̄.   1879 vn *P.* uch *K.*   1883 uch *K.*   1884 clagē.   1886 uch *K.*
bendin *P.*   1887 v'gezzen.   1888 isn *P, K.* schult *K.* ezzen] *davor durch-strichenes* ezzen.   1889 die er uh *K.* gesät *P.*   1890 ze hāt.   1891 vn̄.
1894 Siben.

1888 ir sult *R,* irn *Bae.*

obe ir ien . . . / vinden
einen altin . . . / scinden
ŏch mûz . . . / bern hut han
1900 der . . . / si der capilan
da mi . . . / ir herre gv̂t
v . . . /

1897 obe ir ien [*der muget* (*Gr*), *mugent* (*Bae*)] vinden, obe ir ien [*der wolve*] vinden*t* (*W₂*).   1898 einen altin [(*wolf*)den *heizent* (*Gr*), *wolf heizent* (*Bae*)], einen alten [*sultirn* (*W₂*)] scinden.   1899 ouch muoz [*ent ir cines*] bern hût hân.   1900 der [*kunic sprah daz*] sî der capilân.   1901 da mi[*te genesit* (*Gr*), *genesent* (*Bae*)] ir herre guot.   1902 û[*z*] . . .

ob ir einen alden wolf mvget vinden,
den svlt ir heizen schinden,
ovch mvzet ir eines bern hvt han.'
1900 der kvnic sprach: 'daz si der kapelan.'
'da mite genezet ir, herre gvt.
vz einer katzen einen hvt
mvzet ir han ze aller not,
oder iz were, weizgot, ewer tot.'
1905   Der kvnic hiez do hervur gan
Ysingrinen vnde sinen kapelan.
er sprach: 'ir svlt mir ewere hevte geben,
daz beschvlde ich wider evh, di wile ich leben,
vmb ewer geslehte ze aller stvnt.
1910 meister Reinhart hat mir getan wol kunt
den sichtagen, der mir ze aller zit
in minem hovbete leider lit.'
'genade, herre', sprach der kapelan,
'was wunders wolt ir anegan?
1915 den ir hat vur einen arzat,
vil mangern er getotet hat,
weizgot, denne geheilet,
vnde ist vor evh verteilet.'
do sprach *zu* im her Ysengrin:
1920 'sol mir alsvs gerichtet sin
vmme min wip, daz ist ein not.'
sinen zagelstrvmph er herfvr bot:
'sehet, wi mich ewer arzat
hinderwert gevnert hat.
1925 ouch mag evch wol ergan so.'
vil gerne weren dannen do
her Brvn vnde Ysingrin,
des enmocht doch niht sin.
sinen konden niht entwichen:
1930 der kvnic hiez si begrifen
vil mangen sinen starken kneht.
man schinte si, ovch wart Diprcht

1897 wolf alden *K.*   1901 damit *K.*   1904 ew'.   1905 DEr] *Initiale herausgehoben.* liez *K.*   1906 ysingrinen vn̄.   1907 iwer *K.*   1908 beschuld ich die wile ich leben *K,* lebē *P.* ⸹   1909 sol umb iwer *K.*   1910 kvt.
1912 houbte *K.*   1913 kaplan *K.*   1915 habt *K.*   1916 mangen *P. K.*
1918 vn̄. uch *K.* v'teilet.   1919 iz. ysengrin.   1922 zagelstrumpf *K.*
1925 uch *K.* wol] *überschrieben P.*   1927 brvn vn̄ ysingrin.   1932 diprecht.

1916 mangern *R, Bae, vgl. aber auch oben v. 836.*   1919 *ez im R, zu*
im *Bae; vgl. aber ahd. az, ez, iz, Präpos., Graff 1, 523.*

beschindet also harte.

daz qvam von Reinharte. / [179 d]

1935 der sprach: 'ditz ist wol getan.

ein versoten hvn svl wir han

mit gvtem specke eberin.'

der kvnic sprach: 'daz sol vor Pinte sin.'

der kvnic hiez hervur stan

1940 Scanteclern, er sprach: 'ich mvz han

zv einer arztie din wip.'

'neina, herre, si ist mir als min lip.

ezzet mich vnde lazet si genesen!'

Reinhart sprach: 'des mag niht wesen.'

1945 der kvnic hiez Pinten vahen,

Scantecler begonde dannen gahen.

do dise rede ergienc.also,

vz sime dihe sneit man do

dem eber ein stvcke harte groz.

1950 der arztie in bedroz.

'einen hirzinen rimen svl wir han.'

der kvnic hiez her fvr sich stan

den hirz vnde sprach: 'Randolt,

einen gvrtel dv mir geben solt,

1955 daz beschvlde ich immer wider dich.'

'herre, des erlazet mich',

sprach der hirz, 'dvrch got!

iz mac wol sin der werlde spot,

daz ir dem volget hie,

1960 der nie trewe begie.

der tevfel in geleret hat,

daz er sol sin ein arzat.'

   Der kvnic sprach: 'Randolt,

ich was dir ie vzer maze holt.

1965 sterbe ich nv von den schvlden din,

daz mocht dir immer leit sin.'

er getorste dem kvnige niht verzihen,

ern mvste im einen rimen lihen

von der nasen vntz an den zagel.

1970 Reinhart was ir aller hagel.

Reinhart sprach, der wunder kan:

1936 v'soten.   1937 Eberin.   1938 sp'ch. pinte.   1942 h're.   1943 vn.
1945 pinten.   1948 sinem K.   1949 Eber.   1953 vn̄.   1962 **artzat** K.
1963 DEr] *Initiale herausgehoben.*   1964 mazen K.   1965 din] *auf der
Photographie nicht vollständig zu lesen.*   1967 v'z...] *ebenso, steht auf Rasur
wie das vorhergehende niht.*   1968 must K. lih...] *ebenso wie das Ende von
1965 und 1967.*   1970 hagel] *l auf Rasur.*

'kvnic, werestv ein armman,
sonen konde ich niht gehelfen dir.
von gotes genaden so habe wir, / [180 a]
1975 da mite dv wol macht genesen,
wilt dv mir nv gehorick wesen.'
'ia', sprach der kvnic, 'meister min,
swi dv mich heizest, also wil ich sin.'
Reinhart konde mangen don:
1980 'von dir wil [ ] kein lon
min meister Bendin,
wen eines bibers hvt.' 'daz sal sin',
sprach der kvnic riche,
'die sende ich ime werliche'.
1985 er hiez den biber vur sich stan,
do mvste er die hvt lan.
manic tier daz gesach,
iglichez zv dem andern sprach:
'waz wol wir hie gewinnen?
1990 wir svln vns heben hinnen,
e wir verlisen die vele.'
do hvb sich manic tier snelle,
der hof zvsleif sa.
Crimel bleib da
1995 vnde die olbente von Tvschelan,
die hiez der arzat da bestan,
alsam tet er den elfant,
der daz gvte vrteil vant.
Der kvnic harte riche
2000 der bleib da heimliche.
si vuren alle dannen swinde,
da bleib sin ingesinde.
Reinhart den kvnic bat,
daz er im hieze tragen bat.
2005 zehant der kvnic daz gebot.
dem lewarte was harte not.
iz ist war, daz ich evh sagen:
daz bat wart schire getragen.
iz wart gewermet zu rechte,

1973 konde] *vielleicht auch* kvnde, *entweder* o ← v *oder* v ← o *P;* kond *K.*
1975 da mit *K.* 1980 wil ich kein *P, K.* 1984 im *K.* 1995 vn̄ *P,* und
olbente *K.* tuschelan *P.* 1999 DEr] *Initiale herausgehoben.* 2000 bleip
da heimlich *K.* 2002 do *K.* 2004 pat *K.* 2006 lewarten *K.* 2007 uch
sage *K,* sagē *P.*

1980 sicheinen *Gr,* ich *weggelassen von Sch, Bae.*

2010 daz vrvmeten gvte knechte,
als iz meister Reinhart gebot.
in were leit irs herren tot.
in daz bat leit er wurze gnvc,
do sazte er im vf den katzhvt, / [180 b]
2015 deme kvnege mit witzen,
in daz bat hiez er in do sitzen.
meister Reinhart, der arzat,
greif ein adern, di zv dem herzen gat,
er sprach: 'kvnic, ir sit genesen
2020 vnde mvget nv wol vro wesen:
evch was vil nahen der tot,
nv hilfet ev min kvnst vser not.
get vz!' sprach der arzat.
'ir habt gebat, daz iz wol stat.
2025 langez bat tvt den siechen weich,
ir sit ein lvtzel worden bleich.'
      Der kvnic sprach, wen er siech was,
als ein man, der gerne genas:
'din gebot ich gerne ervullen sol.'
2030 do hat er im gebettet wol
vf sines kapelanes hvt,
der im da vor was vil trvt.
den kvnic dackt er vil warme,
daz yz got erbarme,
2035 mit einer hvte, di trvg Isengrin,
di verlos er an die schvlde sin.
Reinhart sich kvndikeite vleiz:
vmme daz hovbet macht er dem kvnige heiz.
der ameyze des geware wart,
2040 vz dem hovbete tet er eine vart.
do kroch er rechte, deswar,
vur sich in daz katzenhar.
der meister do den hvt nam,
mit im er an di svnnen qvam,
2045 die liez er schinen dar in.
daz wart im ein groz gewin:
den ameyzen er gesach,
zorniclichen er zv im sprach:
'ameyz, dv bist tot!'

2012 tot] *davor* not *gestrichen.* 2014 satzt *K.* 2018 ader *K.* h'zen. 2020 vn̄. 2022 hilft uch *K.* 2024 iz] *aus* ir. 2027 DEr] *Initiale herausgehoben.* 2032 traut *K.* 2033 warm *K.* 2034 erbarm *K.* 2035 huete *K.* 2038 umb daz houbt *K.* dē *P.* 2039 ameiz *K.* 2040 houbet *K.*

2050 dv hast bracht zv grozer not
minen herren; din leben
mvst dv dar vmme geben.'
der ameyze zv Reinharte sprach:
'iz tet mir not, wen er mir zvbrach / [180 c]
2055 eine gvte bvrck, der kvnic her.
da geschah mir an michel ser,
daz *ich* nimmer mag verclagen:
miner mage lag da vil erslagen,
dar vmme han ich ditz getan.
2060 wilt dv mich genesen lan,
ich laze dich in diseme walde min
vber tvsent bvrge gewaltic sin.'
Reinhart da gvte svne vant,
den gevangen liez er zehant.
2065 des wart der ameyze harte vro,
zv walde hvb er sich do.
het er die miete niht gegeben,
so mvst er verlorn han daz leben.
svst geschiht ovh alle tag:
2070 swer die miete gegeben mag,
daz er da mite verendet
me, danne der sich wendet
zv ervullende herren gebot
mit dinest: daz erbarme got!
2075 Reinhart do dar widere gie,
do er sinen siechen lie.
    Dem kvnige greif er an die stirnen.
er sprach: 'wie tvt ev nv daz hirne?'
'wol, meister, daz evh got lonen sol!
2080 ir hat mir gearztiet wol.'
er sprach: 'wir svln iz ovch noch baz tvn.
weiz man noch, ob daz hvn
mit petersilien versoten si?'
ein trvchsese stvnt da bi,

2050 hat *K.*   2051 den *P,* den lewen *K.*   2052 mustu *K.*   2054 **wan** *K.*
2055 burch *K.*   2056 do *K.*   2057 daz nimmer *P.* verclage.   2059 **darumb** *K.*
2061 disem *K.*   2065 ameyz *K.*   2068 v'lorn.   2071 mit°*K.* v'endet *P.*
2073 ervullende] *nach R hat K dasselbe wie P, Mailath:* zu erfullender herren.
2074 dienst *K.*   2077 DEm] *Initiale herausgehoben.* stirnē *P,* stirn *K.*
2078 uch *K.* hirn *K.*   2079 uch *K.*   2080 habt.   2082 ob] **übergeschrieben.**
2083 si] *aus* sin *korr.*

2051 din *Gr, R, Bae.*   2057 *ich R, Bae.* verklagen *R, Bae.*   2061 d[ ]eme
Bae.   2073 zerfülenne *Gr, R.*

2085 ˙der sprach: 'ia, daz wil ich ev sagen.'
'nv heizet mir her vur tragen!'
daz wart vil schire getan.
do hiez er inbizen gan,
Reinhart, den herren sin
2090 vnde hiez in sovfen daz sodelin.
der arzat des niht vergaz,
vern Pinten er da selbe az;
Reinhart, der vngetrewe slec,
Crimele gab er do den ebers spec. / [180 d]
2095 den kvnic hiez er vf stan
vnde eine wile sich ergan.
Reinhart, der lvtzel trewen hat,
den kvnic do genote bat
vmme sinen yrevnt, den helfant,
2100 daz er im lihe ein lant.
     Der kvnic sprach: 'daz si getan:
Beheim sol er han.'
des wart der helfant vil vro.
der kvnic hiez in do
2105 enpfahen, als iz was recht.
do hvb sich der gvte knecht.
er qvam dar als ein armman,
vursten amecht er da gewan.
der helfant reit in sin lant,
2110 dar in der kvnic hatte gesant,
vnde kvndete vremde mere,
daz er herre were.
vil harte er zvblowen wart,
ovch gerowen di widervart.
2115 mochten si in getan han wunt,
ern wurdes nimmer mer gesvnt.
do Reinhart den helfant
gesatzet hatte vber sin lant,
dannoch endovcht in der schalkeit gnvc niht:
2120 den kvnic er genŏte biten geriet
vmme die olbente, sine vrteilerin,
er sprach: 'si sol geniezen min;

2086 tragen] *davor radiertes* sag.   2090 vn̄.   2092 pinten.   **2094 eber**
K. spec] *Zeichen über* c: h? k? P.   2096 vn̄.   2101 DEr] *Initiale heraus-*
gehoben.   2102 han] h *nachgetragen.*   2105 enphahen K.   2108 amt K.
2111 vn̄.   2113 zerbloven K.   2114 die K.   2119 doucht in K. d^e P.

2105 *dẽ van* enpfahen *Sch, Bae, Beheim* W₁.   2112 er *ir* herre *Bae,* W₁.

lat si zem Erstein ebtessinne wesen,
so sit ir an der sele genesen.
2125 da ist vil geistlich gebet.'
der kvnic harte gerne iz tet,
er lech iz ir mit der zeswen hant,
groze gnade si do vant.
si wante sin gewisliche
2130 ein ebtissinne riche.
do nam si vrlovb da,
si hvb sich dannen sa,
geilliche si vber den hof spranc,
si weste Reinharte danc / [181a]
2135 der vil grozen richeit.
des qvam si sint in arbeit.
alsi in daz kloster qvam,
swelech ir di mere vernam,
der qvam ilende dar.
2140 si namen vil genote war
vnde vragten, wer sie were.
si sprach:'ich sol ev mere
kvndigen gewerliche:
mir hat der kvnic riche
2145 disen gewalt verlihen, daz er si min:
ich sol hie ebtissin sin.'
die nvnnen hatten daz ver zorn,
des was di olbente nach verlorn;
da schreiten die closterwip,
2150 des wart der ebtissin lip
zvblven vntz an den tot,
mit griffeln taten si ir groze not,
daz wart an ir hvte schin.
di nvnnen iagten si in den rin.
2155 alsvs lonet ir Reinhart,
daz si sin vorspreche wart.
Iz ist ovch noch also getan:

2123 ersten *P, K.* 2136 si] *aus* sich. 2138 v'nam. 2141 vn̄.
2142 uch *K.* 4146 ebtisinne *K.* 2147 v'zorn. 2148 v'lorn. 2155 rein-
hart. 2157 Iz] *Initiale herausgehoben.*

2123 Erstein *R, W₁, Bae; auf die i. J. 850 (oder 849) von der Kaiserin Irmgart,
Gemahlin Lothars, gegründete Frauenabtei Erstein im Elsaß zw. Straßburg und
Schletstadt, etwa ¹/₂ Stunde vom Rhein entfernt, zuerst bezogen von J. Grimm, Altdt.
Blätter 1, 1836, S. 417f. 953 verlieh Otto I. die Ablei an seine Schwiegermutter
Berta von Burgund.* 2140 namen ir vil *Sch, R, Bae, W.* 2147 für zorn *R.*

swer hilfet einem vngetrewen man,
daz er sine not vberwindet,
2160 daz er doch an im vindet
valschs, des han wir gnvc gesehen
vnde mvz ovch dicke alsam geschen.
alsvst hat bewart
sine vrteilere Reinhart.
2165 der arzet was mit valsche da,
den kvnic verriet er sa.
er konde mangen vbelen wanc.
er sprach: 'herre, ich wil ev geben einen tranc,
so sit ir ze hant genesen.'
2170 der kvnic sprach: 'daz sol wesen.'
do brov er des kvniges tot.
Reinhart was vbele vnde rot,
daz tet er da vil wol schin:
er vergab dem herren sin. / [181 b]
2175 daz sol niman clagen harte;
waz want er han an Reinharte?
iz ist noh schade, wizze krist,
daz manic loser werder ist
ze hove, danne si ein man,
2180 der nie valsches began.
swelch herre des volget ane not
vnde teten si deme den tot,
daz weren gvte mere.
boese lvgenere
2185 di dringen leider allez vur,
die getrewen blibent vor der tvr.
    Do dem kvnige der tranc wart,
dannen hvb sich Reinhart
vnde iach, er wolde nach wurzen gan.
2190 ern hatte da niht anders getan,
wen daz er ovch anderswa begienc.
Crimelen er bi der hant gevienc,
der was sin trvt kvllinc.
er sprach: 'ich wil dir sagen ein dinc:
2195 der kvnic mag niht genesen.
wir svllen hi niht lenger wesen.'
do hvben si sich dannen balde

2158 vngetrewē mā.   2162 vn̄.   2168 uch *K.* gebē *P.* einē.   2172 vn.
2174 den *K.* h'ren *P.*   2182 vn̄.   2187 Do] *Initiale herausgehoben.*   2189 vn̄.
2197 dannā.

2181 de*n* volget] *W*₁, *Bae.*

mit ein ander *zu* dem walde.
Reinhart gesach ane hvt da gan
2200 hern Brvn, den kapelan.
Nv vernemet, wi er sprach,
do er in erst' ane sach:
'saget, edeler schribere,
was di hvt ze swere,
2205 daz ich si v̊ch niht sehe tragen?
ich wil evch werliche sagen:
mich dvnket an den sinnen min,
svlt ir zv winter imannes vorspreche sin,
der mv̊z ev einen bellitz lihen,
2210 ern mag iz ev niht verzihen,
wan des dvrfet ir zv vrvmen.
owe wer hat evh evwern hvt genvmen?'
her Brvn vor zorne niht ensprach,
vngerne er Reinharten sach, / [181 c]
2215 sin widernivt was grozlich,
mit grimme grein er vmb sich.
Reinhart liez hern Brvnen da,
zv siner bvrck hvb er sich sa.
Dem kvnige harte we wart,
2220 er sprach: 'wa ist meister Reinhart?
heizet in balde her gan,
mich wil ich enweiz was vbeles bestan.
iz ist mir zv dem herzen geslagen;
er kan ez dannen wol geiagen
2225 mit gvten wurzen, di er hat.
er ist ein erwelter arzat.'
den meister svchte man do,
des wart der kvnic vil vnvro,
man sagt im leide mere,
2230 daz er hin weck were.
Der kvnic weinende sprach:
'daz ich Reinharten ie gesach,

2198 vz dem walde.   2200 brvn *P*. kaplan *K*.   2201 Nv] *Initiale herausgehoben*.   2206 uch *K*.   2208 schult *K*. iemannes *K*. vorspc̃he *P*. 2209 uch *K*. pellitz *K*.   2210 uch *K*.   2212 uch iwern *K*, genvm̄ *P*. 2213 brvn.   2214 Reinharte *P*, *K*.   2216 uber sich *K*.   2217 brvnen. 2219 DEm] *Initiale herausgehoben*.   2222 ichn weiz *K*. bestã *P*.   2223 h'zen. 2231 DEr] *Initiale herausgehoben*.

2198 vz] *zu (zu o) vB, R, Bae*.   2208 vorspreche *R, Bae*.   2212 iuwer *vB, R*, euwer[ ] *Bae*.   2214 Reinharten *R, Bae*.

des han ich verlorn daz min leben.
owe er hat mir gift gegeben
2235 ane schulde: ich hat ime niht getan.
minen edelen kapelan
hiez ich schinden dvrch sinen rat.
swer sich an den vngetrewen lat,
dem wirt iz leit, des mvz ich iehen.
2240 alsam ist ovch nv mir geschehen.'
er kerte sich zv der wende,
do nam der kvnic sin ende.
sin hovbet im en drev spielt,
in nevne sich sin zvnge vielt.
2245 si weinten alle dvrch not
vmbe des edelen kvniges tot,
si dreweten alle harte
dem gvten Reinharte.
2248a ditz si gelogen oder war,
2248b got gebe vns wunecliche iar!
       *H*ie endet ditz mere.
2250 daz hat der Glichesere
her Heinrich getichtet
vnde lie die rime vngerichtet. / [181 d]
die richte sider ein ander man,
der ovch ein teil getichtes kan,
2255 vnde hat daz ovch also getan,
daz er daz mere hat verlan
gantz rechte, als iz ovch was e.
an svmeliche [ ] rime sprach er me,
danne e dran were gesprochen;
2260 ovch hat er abe gebrochen
ein teil, da der worte was zv vil.
swer im nv des lonen wil,
der bite im got geben,
die wile er lebe, ein vrolich leben
2265 vnde daz er im die sele sende,
da si vrevde habe an ende. AMen.

2233 v'lorn.   daz leben] *dazwischen übergeschrieben:* min, *ohne daß* daz *getilgt wäre;* daz min leben *K (nach Mailath).*   2147 dreuweten *K.* 2248b wunnencliche *K.*   2249 Die] *Initiale herausgehoben.*   2250 glichesere *P,* glichsenere *K.*   2251 heinrich.   2252 vn̄.   2255 vn̄.   2256 v'lan. 2258 svme licher *P,* sumeliche *K.*   2259 danne er *K.*   2260 ab *K.*   2265 vn̄.

2248a. b *von Gr nicht aufgenommen, in* [ ] *Bae.*   2249 *Hie R, Bae.* 2258 sümelich *Gr, R,* ăn sumeliche [ ] *Bae,* ăn sumelîcher rîme sprach er mê 'nur daß er etliche Verse zusetzte', *d. h.:* 2258—61 *soll sich nicht auf Auffüllung der alten Verse (Gr, Bae), sondern auf eingeschaltete u. ausgeschiedene Zeilen beziehen, W₁, Vermehrung der Verszahl und Kürzung überfüllter Zeilen' W₂.*

Glossar

-â *wird Partikeln und Imperativen zur Steigerung des Nachdrucks angefügt* (neinâ, sagâ)

abe *adv.* ab

abebrechen *stv.* abbrechen; 2260: vermindern *(die Verszahl im Gedicht oder die Silbenzahl im Vers)*

aber *adv., konj.* wiederum, abermals; dagegen, aber

affenheit *stf.* Narrheit, Albernheit

after *präp.* hinter, über ... hin *(auch zeitlich);* gemäß

aht(e) *stf.* Einschätzung, Beachtung, Berechnung

âhte, æhte *stf.* Acht

âl *stm.* Aal

al *adj.* all, ganz; mitalle *adv.* ganz und gar

albesundern *adv.* abgesondert, einzeln

allertegelich *adv.* an jedem von allen Tagen

allez *adv.* immer, freilich

alsam *adv.* ebenso

alsust *adv.* so, auf solche Weise; sonst

alumbe *adv.* ringsumher

alwære *adj.* einfältig, albern

amecht *stn.* Amt, Beruf, Stand

âmeiz(e) *st., sw. m.* Ameise

amîe *swf.* Geliebte

amîs *stm.* Geliebter

anders *adv.* sonst

ân(e) *präp., konj.* ohne, außer; außer daß, nur daß; *adv.:* âne stân, â. wesen *entbehren*

anegan *v. an.* an etwas herangehen, es anfangen

angesichte *stn.* Anschauen, ze a.: in Gegenwart

angest *stf., stm.* Bedrängnis, Angst

angestlich *adj.* Bedrängnis erregend, schrecklich

ansehende *part. präs.* 1199: passivisch: was man ansieht oder angesehen hat

arbeit *stf.* Mühsal, Not

arc *adj.* nichtswürdig, böse

arclich, erclich *adj.* böse, schlimm

art *stm., stf.* Eigentümlichkeit, Natur, Art

arzâtîe *stf.* Arznei

arzâtîen *swv.* Arznei geben

âsprâchen *stn.* törichtes Reden

bâbe *f.* altes Weib (slav.)

bache *swm.* Schinken

balde *adv. kühn, schnell, sogleich*
bartinc, bertinc *stm. Langbart, Klosterbruder*
bate *swm. Pate; Patenkind*
baʒ *adv. komp. besser; mehr*
bedenken *swv. die Gedanken auf etwas richten*
bedriezen *stv. unpersönl. lästig dünken*
begân *v. an. zu etwas hingehen, es erreichen, erwerben; ins Werk setzen*
begripfen *swv. rasch ergreifen*
behalten *stv. aufbewahren*
beheften *swv. festhalten, zurückhalten*
beinîn *adj. von Knochen*
bekêren *swv. zu etwas hinwenden, umwenden*
bekomen *stv. m. Dat.: begegnen*
bekorn *swv. kosten, schmecken*
belangen *swv. m. Gen., verlangen nach, gelüsten*
bellîz *stm. Pelz*
berâten *stv. (zu rât Vorrat) ausstatten mit Vorrat, versehen mit*
bereiten *swv. einen eines d. b. einen kennen lehren*
bern *swv. schlagen, klopfen*
bescheiden *stv. schlichten, einen Schiedsspruch tun*
beschelten *stv. durch Tadel herabsetzen, schmähen*
beschinden *stv. (part. prät. sw. beschirdet) schälen, enthäuten*
beschulden *swv. verschulden; wider verdienen um*
besitzen *stv. umstellen, belagern; in Besitz nehmen*
bestân, -stên *v. an. dableiben; feindlich angehen, befallen; mich bestât: mich geht an, mir kommt zu*
beswæren *swv. belästigen*
betriegen *stv. betrügen*
betten *swv. m. Dat. d. Pers. einem ein Bett herrichten*
bevelhen *stv. übergeben, anempfehlen*
bewarn *swv. sorgen für*
bewenden *swv. nach einer Richtung hin wenden*
beziunen *swv. umzäunen*
bî *präp. bei, um, an, auf, zu*
bilde *stn. Beispiel, Gleichnis*
bin, bîn *st., sw. f. Biene*
bîzen *stv. beißen*
blinzen *swv. blinzeln*
bloch *stn. Block*
bor- *in Zusammensetzung mit adj. und adv. steigernd: gar sehr; borholt sehr zugeneigt*
bœse, bôse *adj. schlecht, schlimm*
bôsheit *stf. böses Denken und Tun*
botenbrôt *stn. Botenlohn*
bôzen *stv. schlagen, klopfen*
brehten *stn. Schreien, Lärmen*
briol *s. prior*
briuten, brûten *swv. begatten*
briuwen *stv. brauen*
bûc, buoc *stm. Bug*
bühse *swf. Büchse*
buoz *stf. Besserung; mir wirt eines dinges b.: mir wird Abhilfe, Besserung zuteil*
buoze *stf. Buße; ze b. stân etwas büßen*
burduz *s. zu 1586 S*

cus *(frz. cous) stm. Hahnrei*

danc *stm. Denken, Wille;* über, âne d. *wider willen*
dannen, dan *adv. von da weg*
dannoch *adv. zu dem Zeitpunkt noch, damals noch, jetzt noch*
dar *adv. dem., rel. dahin, wohin*
dicke *adj. dicht*
dicke *adv. dicht, oft*
diech *stn. Oberschenkel*
dienest *stm. Diener*
dienest *stm., n. Dienstwilligkeit, Lehensdienst*
diet *stf. Volk, Leute*
doch *adv. doch, dennoch*
doln *swv. erdulden*
dôn *stm. Ton, Weise*
dorn *stm. Dorn, Stachel; Dornstrauch*
dôz *stm. Geräusch, Lärm*
draben *swv. traben, in gleichmäßiger Beeilung gehen oder reiten*
drâs *stm. Duft*
drâte *adv. rasch, alsbald*
drie *s.* drôuwen
drôuwen, drouwen *swv.* dräuen, drohen, 626 S drie: *nach W₃ st. prät. in Analogie*
   zu houwen: hie (*wie* salben: sielb, *Weinhold, Mhd. Gr.² § 427*), *elcässisch*
drûch, drûhe, druck *stf. (stm.?) Fessel; Falle für wilde Tiere*
durch *präp. durch; wegen; um . . . willen*

ê(r) *adv. früher, vormals*
eben(e) *adv. gleichmäßig, bequem*
eberîn *adj. vom Eber*
ebtessinne *stf. Äbtissin*
edel *adj. von vornehmer Herkunft; ausgezeichnet in seiner Art*
effen *äffen, narren*
(h)eht *adv. nur gerade; ein einzelnes Wort hervorhebend: nun, eben, denn*
eichorn *stm. Eichhorn*
eines *adv. einmal*
einest, einôst *adv. einmal; einst*
ellenthaft *adj. tapfer*
enbern *stv. entbehren, verzichten*
enbîzen *s.* inbîzen
enbor *adv.,* vor *adj. u. adv. das gleiche wie* bor-: *steigernd: gar sehr;* enborholt *sehr*
   zugeneigt
ende *stn. Ende*
endreu, endriu *in drei Teile*
engân *v. an. entgehen, entgleiten*
engelten *stv. bezahlen, vergelten; m. Gen.: bezahlen, kaufen; für etwas. Strafe leiden*
enthaben *sw. refl.: sich enthalten*
[entlîben *stv. m. Dat. verschonen Sch zu 148*
entreden *swv. gegen eine Anklage verteidigen*
entsament *adv. zusammen*
entschuldigen *swv. von einer Schuld lossagen*
entswîchen *stv. unpers. m. Dat. ohnmächtig werden*
entwenken *swv. entgehen*
entwischen *swv. entwischen*
en(t)zücken *swv. eilig wegnehmen*
erbeizen *swv. absitzen*
erbîzen *stv. totbeißen*
erbolgen *part. adj. erzürnt*
erdiezen *stv. erschallen* ·

8*

erdreschen *stv. verprügeln*
ergeben *stv. aufgeben, fahren lassen*
(h)ergecketzen, ergetzen *swv. zum Toren werden*
ergouchen *swv. zum Toren werden*
erheben *stv. aufheben, in die Höhe heben; anheben, beginnen*
erhœren *swv. vernehmen*
erkennen *swv. kennen, wissen, sich verstehen auf*
erklich *s. arclich*
erlâzen, erlôzen *stv. m. Acc. u. Gen. jem. wovon freilassen*
erscheinen *swv. sichtbar werden lassen, offenbaren*
erschepfen *v. an. ausschöpfen*
erschrecken *swv. auffahren, aufschrecken, erschrecken*
ersmecken *swv. riechen, wittern*
erteilen *swv. ein Urteil fällen*
ervüllen *swv. ausführen, erfüllen*
erwarten *swv. schauen; ûf e.: aufschauen*
erwegen *swv. emporheben*
erwenden *swv. abwenden*
erwinden *stv. ablassen*
erziehen *stv. herausziehen; ausholen*
êwarte *swm. Priester*
êwe, ê *stf. Recht, Gesetz, diu alte ê das alte Testament; Ehe*

f *siehe unter* v

gâch *adj. schnell, plötzlich; mir ist g. nâch oder m. Gen. d. Sache: ich habe Eile, strebe mit Eifer nach*
gâhen *swv. eilen*
gamen *stn., m. Freude*
gân *v. an. gehen; 80 mir gât uber mich überläuft es*
gar, garwe *adv. gänzlich*
garce? 550 garzehâr = granhâr *Milchhaar? Gr*
gebâren *swv. sich benehmen*
gebieten *stv. m. Dat. d. Pers. entbieten, laden*
gebrehte *stn. Lärm*
gebûr(e) *st., swm. Nachbar; Bauer*
g(e)ezzen *stv. essen, verzehren*
gehaz *adj. feindselig*
gehœrec *adj. folgsam*
gehœren *swv. hören*
geil *adj. fröhlich, vergnügt*
geillîche *adv. fröhlich*
geistlich *adj. geistlich; fromm*
gelîch(e) *adv. gleichermaßen, auf gleiche Weise*
gelîchesære *stm. Heuchler, Gleißner; als Übername eines Fahrenden 1786 P. 2250; für den Fuchs 1786 S? (Wallner)*
gelle *swf. Nebenfrau*
geloben *swv. geloben, versprechen; s. auch zu 946 S*
gelt *stn. Einkommen*
gelten *stv. vergelten, bezahlen*
gelust *stm. Begier, Gelüsten*
[gemechliche *adv. mit Bequemlichkeit Schr. zu 14*
gemeine *adj. mehreren gehörig, gemeinschaftlich; 1546 S: gegenseitig sich mitteilend?*
gemeine *adv. zusammen, insgesamt*
gemeinlîchen *adv. gemeinschaftlich, alle miteinander*

gemeit *adj. froh, vergnügt*
gemelich *adj. lustvoll, freudevoll*
genesen *stv. lebend, heil davon kommen, gerettet werden; m. Gen. über etwas hinweg-*
    kommen
geniezen *stv. m. Gen. Nutzen von etwas haben*
genôte *adv. angelegentlich*
gerâten *stv. anordnen; m. Infin.: anfangen zu oder bloße Umschreibung des verb.*
    finit.
gereit *adj. bereit, zur Hand*
gerihte *sin. Rechtfertigung vor Gericht*
gerinc *stm. Streben*
geringe *adv. behende*
geriuwen *stv. in Betrübnis versetzen, gereuen*
gern *swv. begehren*
gerne *adv. begierig, mit Freude, gern*
gesamenen *swv. sammeln*
geselleschaft *stf. Genossenschaft*
gesinde *sin. Gefolgschaft*
gesprechen *stv. m. Dat. über einen sprechen*
gestân *v. an. stehen bleiben, zum Stehen kommen*
geswîchen *stv. m. Dat. im Stiche lassen*
geticht *sin. Dichtkunst*
gevâhen, -vân *stv. erfassen, erreichen, erlangen*
gevarn *stv. ergehen, geschehen*
gevater(e) *swm., f. Gevatter, Gevatterin*
geverte *sin. Bewegung; das Aufeinanderlosfahren, s. zu 344*
gevristen *swv. aufschieben; refl. sich erhalten, retten*
gevrumen *swv. nützlich sein*
gewære *adj. wahrhaft, zuverlässig*
gewærlich *adj. zuverlässig*
gewin *stm. Erwerb, Vorteil*
gewinnen *stv. durch Mühe zu etwas gelangen, erwerben*
gief *stm. Narr*
ginen, genen *swv. das Maul aufsperren*
gîtikeit *stf. Gier*
gletîn, glete *stf. (ursprünglich swf.) Glätte*
gouch *stm. Tor, Narr*
griffel *stm. (Schreib-) Griffel*
grînen *stv. den Mund verziehen: lachend, knurrend, weinend*
gripfen, kripfen *swv. rasch ergreifen*
grîs *adj. grau, greis*
griulich *adj. Grauen erregend*
grogezen *swv. heulen, wehklagen*
grôzlich *adj. groß*
[grübelen *swv. bohrend graben, jucken Gr zu 1884 S*
grundelôs *adj. bodenlos, abgrundtief*
grûwen *swv. grauen, grausen*
gügerel *stm., n. Kopfschmuck (eines Tieres)*

haben, hân *swv. halten, festhalten*
hac *stm. Gebüsch*
haft *adj. gefangen*
hagel *stm. Hagel; bildl.: Unglück, Verderben*
halbe *stf., swf. Seite; beidenhalben, beidenthalp adv. auf beiden Seiten*
halten *stv. hüten, aufbewahren*
harm *stm. Hermelin*

harte *adv. kaum; höchst, sehr*
heben *stv. heben;* sich h. (gegen): *sich aufmachen (nach); anheben, beginnen*
heht *s.* eht
heimelîchen *adv. heimisch, geheim, vertraut;* 2000: *in einer Weise, daß man fremden Augen entzogen ist, in vertrautem Kreise*
hellen *stv. ertönen, hallen*
hepe *swf. sichelförmiges Messer*
herberge *stf. Ort zum Übernachten für Fremde; Ort, Platz*
hergecketzen *s.* ergecketzen
hernach *adv. nahe heran*
herre, her, er *swm. Herr, in der Anrede vor Eigennamen*
heschen *swv. schluchzen, wimmern*
hetzen *swv. hetzen, jagen*
hin *adv. hinweg*
hinderwert *adv. nach hinten*
hirse, hirs *swm., stm. Hirse*
hirz *stm. Hirsch*
hirzîn *adj. vom Hirsch*
hiulen, hûlen *swv. heulen*
hôchgestüele *stn. Hochsitze*
hol *stn. Loch*
holt *adj. wohlgeneigt, gewogen*
hœnen, hônen *swv. in Schande bringen, entehren*
hœren *swv. hören, herhören*
hôster *s.* (h)ôster
houbetloch *stn. Halsausschnitt eines Gewandes*
hov *stm. Hoftag, Gerichtsversammlung*
hovegewant *stn. Hofkleid*
höveschære, hobischere *stm. der jemand den Hof macht, der galante Mann*
hüeten *swv. achtgeben; m. gen. bewachen*

ie *adv. zu aller, auf alle Zeit, immer*
iener, iender *adv. irgendwo*
iesâ *adv. Verstärkung von* sâ: *alsbald*
iezuo, iezunt *adv. gerade jetzt*
iht, iet *Pron.-Subst., n. (irgend) etwas*
în, in *adv. hinein*
în-al-mitten *adv. ganz in der Mitte*
inbîz *stn. Imbiß, Mahlzeit*
inbîzen *stv. eine Mahlzeit einnehmen,* inbizzen sîn *gespeist haben*
ingesinde *stn. Dienerschaft im Hause*
iz *präp.? s. zu 1919*

jagerschaft *stf. Jägerkunst*
jehen *stv. sagen; m. Gen. u. Akk. d. Sache: eingestehen, bekennen*
jô *interj. fürwahr*

kalten *swv. kalt werden*
kamerære *stm. Kämmerer*
kamerwîp *stn. Kammerfrau; Konkubine*
kel(e) *sw., stf. Kehle*
kêren *swv. wenden, eine Richtung geben*
kerzestal *stn. Gestell für eine Kerze, Leuchter*
kiesen *stv. prüfend ersehen, wahrnehmen, herausfinden*
kippe *swf.* 1707 P 'welches Gerät?' Gr

klaffen *swv. vom schallenden Gesang des Raben; schwatzen*
kleine(e) *adj. fein; klein, gering*
knie *stn. Knie*
kochen *swv. sieden, kochen*
kolbe *swm. Keule*
kor(e)n *swv. kosten, erproben*
kranc *adj. kraftlos, schwach*
krût *stn. Pflanze, Kraut*
kündec *adj. geschickt, listig*
kündecheit *stf. List, Verschlagenheit*
kündeclich *adj. listig, geschickt*
küniclîn *stn. Kaninchen*
künne, kunne *stn. Geschlecht, Familie, Verwandtschaft*
künnelinc, küllinc *stm. Verwandter*
kuo (*pl. kuoge*) *stf. Kuh*
kuofe *swf. Kufe*
kurbe *swf. Kurbel, die Winde am Brunnen*

lactewerie, latewâriâ *stf., swf. durch Einkochen verdickter Saft, Latwerge*
lâge *stf. Hinterhalt, Nachstellung*
lâgen *swv. auflauern, nachstellen*
lantreht *stn. das in einem Land geltende Recht*
lantvride *stm. Landfrieden*
last *stm., f. Last*
laster *stn. Schmach*
laz *adj. matt*
lâzen *stv. lassen; l. an: überlassen, übertragen, 1650 daz lân ich an reht dagegen
  berufe ich mich auf das Recht (W₃); refl. sich l. an sich verlassen auf*
lêbart, lewart *stm. Leopard*
lecherheit *stf. Gaunerei, Schelmerei, Possen*
legen *swv. 1789 zesamene l. 'componere'*
leide *stf. Abneigung, Mißgunst*
leider *adv. betrüblicher, schmerzlicher Weise*
leisten *swv. etwas befolgen, erfüllen; einen tac l.: der Einladung zu einer Versamm-
  lung folgen*
leit *adj. betrübend, leidvoll*
lêre *stf. Anleitung, Unterweisung*
lêreknabe *swm. Schüler*
ligen *stv. liegen, daliegen*
lihen *stv. zu Lehen geben*
lîhte *adv. leichtlich, vielleicht, möglicherweise; ironisch: sicher*
linsîn *stf. Linse*
list *stm., f. Kunst, Schlauheit*
liuten, lûten *swv. die Glocken läuten*
loben *swv. loben, geloben*
lôs *adj. verschlagen, frech*
losen *swv. herhören*
lugenære *stm. Lügner*
lugene, lugen *stf. Lüge*
lussam *adj. angenehm, erfreulich*

mâc *stm. Verwandter*
maht *stf. Kraft, Menge*
mære *stn. Kunde, Erzählung, Geschichte, Sache; Gerücht, Gerede*
mart *stm. Marder*
mâze *stf. Maß*

meiselîn *stn. kleine Meise*
merrint *stn. Meerrind*
mezzen *stv. m. Dat.: zumessen, zuteilen,* 806 *einen Hieb auf jem. abzielen (Gr)*
miete *stf. Lohn, Bestechung*
minne *stf. Liebe; Geliebte*
minnest *adj. superl. geringst*
missehabe *stf. übles Befinden*
missehaben *swv. refl.: sich übel befinden, sich grämen*
missehüeten *swv. schlecht achtgeben, schlecht vertreten*
mist *stn. Mist, Unrat*
mitalle *s.* al
mitten *adv. mitten, in der Mitte*
müe(je)n *swv. bekümmern, verdrießen*
münchehof *stm. zu einem Kloster gehöriger Hof*
münchen *swv. zum Mönche machen*
muodinc *stm. unglückliche, elende Kreatur*
murmendîn *stn. Murmeltier*

nâch *präp. nach, gemäß; adv. beinahe*
nâchklanc *stm. Nachklang*
negelkîn, nelikîn *stn. Gewürznelke*
nemelîche *adv. bestimmt, ausdrücklich; fürwahr*
neve *swm. Neffe; in weiterem Sinne: Verwandter, Vetter*
niemê, nimmê *adv. nicht mehr, nicht länger*
[niuwen *swv. erneuern* W₁ *zu 104*
noch *adv., konj. noch; und nicht, auch nicht*
nône *stf. die 9. Stunde (von 6 Uhr morgens ab gerechnet), überhaupt die Mittagszeit*
nôt *stf. Drangsal, Mühe, Not; Notwendigkeit*
nôtlîch *adj. gefahrvoll, bedrückend*
nummê *adv. =* niemê
nütze *adj. Nutzen bringend*
[nuwere *aus* ne wære *es wäre denn, außer, ohne* Bae *zu* 1722 P

ob *konj. wenn*
œde *adj. öde, unbewohnt*
offenen *swv. eröffnen*
olbente *swf. Kamel*
(h)ôster *adv. im Osten;* 938 P *so oder als* ôster *stm. Ostwind zu fassen; der Sinn ist: gegen Osten*
ôstert *adv. von Osten; nach Osten*
ougenblick *stm. Blick der Augen*

pfaffe *swm. Geistlicher, Priester*
pflegen *stv. sich eines Dinges annehmen, es üben, tun*
pfulsen *swv. das Wasser mit Stangen aufregen, zu lat. pulsare* Gr; pfuolsen *zu* pfuol *'tiefe Stelle im Wasser'* W₂
prior, priol, briol *stm. Prior*
prîs *stm. Lob, Preis; zeprîse preisenswert*

rât *stm. Rat, Ratschlag; Fürsorge; Vorrat, Nahrungsmittel*
râten *stv. raten; an den lîp r. nach dem Leben trachten*
rede *stf. Rede, Erzählung; Sache*
rehte *stf. Gerechtigkeit*
rîcheit *stf. Reichtum*
rihte *stf. gerade Richtung; die rihte adv. Akk. geradeaus; in rihte, enrihte räuml.: geradeaus, zeitl.: alsbald*

rihten *swv. in·Ordnung bringen*
rîm *stm. Vers; pl. Verse, bzw. zwei durch Reim verbundene Verse*
rîs *stn. Reis, Zweig*
rit(e) *st., swm. Fieber*
rîten *stv. sich fortbewegen, aufmachen, eine Richtung einschlagen; fahren, reiten*
riuwære *stm. Büßer*
riuwec *adj. bekümmert, traurig*
riuwen *stv. in Betrübnis versetzen, bekümmert sein*
rone *swm. umgefallener Baumstamm*
rücke *stm. Rücken*
rüde *swm. Hetzhund*
rûmen *swv. etwas verlassen, räumen*
rupfen *swv. zausen*

sac *stm., n. Tasche*
sælde *stf. Glück, Heil*
sam *adv., konj. ebenso; wie, auch als Einleitung elliptischer Beteuerungssätze: s.*
   mir got, mîn lîp *so wahr mir Gott helfe, so lieb mir mein Leben ist, bei Gott, bei*
   meinem Leben
sâ[n] *adv. alsbald*
schade *swm. Schaden, Schädigung, Böses*
(ge)schal *stm. Geräusch, Getöse*
schalkeit *stf. niedrige Gesinnung, Bosheit*
schele *swm. Hengst*
schellen *stv. schallen, ertönen*
[scher, scere *swm. Maulwurf*
schiere *adv. sogleich, schnell*
(be)schinden *stv. (prät. und part. prät. auch sw.) die Haut abziehen*
schît *stn. Stück Holz*
schoch, scoh *interj. 597*
schraz *stm. Waldteufel, Kobold*
schrîbære *stm. Schreiber, Kanzler*
schrîen *stv., swv. rufen, schreien*
schupfen *swv. durch Stoßen in Bewegung bringen, antreiben, schleudern*
selten *adv. selten; nie*
seltsæne *adj. seltsam, fremdartig, selten*
semelich *adj. ebenso beschaffen, gleichartig*
senfte *stf. Gemächlichkeit*
senfteclîche *adv. sanftmütig, ruhig, still*
sente *sanctus, s. Galle S. Gallus*
sêr *stn., m. Schmerz*
sêr(e) *adv. schmerzlich, heftig; sehr*
sezzen *swv. setzen, 1601: versetzen*
sicherlinc *stm. Verbündeter, Genosse. s. zu 1783*
sider *adv. hernach*
siech *adj. krank*
siechtage *swm. Siechtum*
sin *stm. Verstand, Gedanke, Überlegung*
sippebluot *stn. verwandtes Blut, Verwandtschaft*
sît, sint *adv. u. konj. spaterhin; nachdem; da, weil*
site *stm. Art und Weise, Brauch*
sizzen *stv. sitzen, wohnen; als Herrscher sitzen, herrschen; sich setzen*
slaht(e) *stf. Art*
slec *stm. Leckermaul, Fresser*
slîchen *stv. leise gleiten, gehen, schleichen*
sliefen *stv. schlüpfen*

slîfen *stv. gleitend, hinfahren, hinsinken*
slipf *stm. das Ausgleiten*
smecken *swv. riechen, stinken*
[smücken *swv. refl.: sich zusammenschmiegen, ducken Sch zu 49*
snel *adj. rasch, kühn*
snellekeit *stf. Raschheit, Geschicklichkeit*
sœdelîn *stn. Brühe*
sôt *stm. Brunnen*
spache *swm. dürres Holzstück*
spalten *stv. spalten*
sparn *swv. schonen*
spiln *swv. sich lebhaft, freudig bewegen*
spor *stn., f. Fährte, Spur*
sprechen *stv.* einen tac s.: *festsetzen, anberaumen; refl.: sich besprechen;* einem s.:
    jem. *einen Namen geben, ihn nennen (der Name steht im Nomin.)*
sprenzinc *stm. einer der einherstolziert, Geck*
stabilîn *stn. Stäbchen*
stân *stv. stehen, bleiben, bleiben lassen*
stanc *stm. Geruch, Gestank*
stat *stf. Ort, Stelle;* an dirre st.: *auf der Stelle, sogleich*
state *stf. alles, wodurch es möglich wird, etwas ins Werk zu setzen; gute Gelegen-*
    heit; Hilfe
stere *swm. Widder*
stiuren *swv. mit dem Steuer lenken; Einhalt tun, mäßigen*
stolz *adj. töricht, übermütig*
strîchen *stv. sich rasch bewegen, fliegen*
strîtec *adj. kampflustig*
stunt *stf. hinter Zahlwort:* -mal, ze st.: *sogleich*
stupfen *swv. stoßen, antreiben*
stürmen 1 *swv. Sturm läuten*
stürmen 2 *swv. 740 P 'Fische aufstören' Gr*
sûfen, soufen *stv. schlürfen, trinken*
sûmen *swv.; refl.: sich aufhalten, verzögern*
süener *stm. Versöhner*
suone *stf. Sühne*
suoze *adv. angenehm, lieblich*
sus(t) *adv. so, in solchem Grade, so sehr, in solcher Weise*
swach *adj. schlecht, gering*
(ge)swachen *swv. gering, verächtlich machen*
swanc *stm. Schwung, Hieb; Streich*
swære *adj. wehtuend, schmerzlich, bedrückend*
swæren *swv. schwer werden*
[sweherlinc *stm. Verschwägerter, Schwiegersohn Gr zu 1783 S*
swelle *swf. Balken*
swenden *swv. zunichte machen*
swern *stv. schmerzen*
swie *konj. kondit.: wenn irgend, wenn; konzess.: obgleich*
[swîgen *stv. schweigen, verstummen W₁ zu 148*

tac *stm. Tag; 1082 Gerichtstag, Gericht*
tagelanc, tâlanc, dâlanc, tâlent *adv. (von jetzt ab) den Tag hindurch, zu dieser*
    Zeit des Tages
teil *stn.. m. Teil,* ein t.: *ein wenig; ironisch: gar sehr*
tîch *stm. Teich*
tihten *swv. schreiben; schriftlich abfassen, dichten, künstlerisch hervorbringen*
tiur(e), tiwer *adj. von hohem Wert, kostbar; teuer, knapp*

tôreht *adj. töricht, närrisch*
trâs *s.* drâs
trehtîn *stm. der Herr (Gott)*
triegen *stv. betrügen;* her abe tr.: *durch Betrug herunterlocken*
triegen *stn. Betrügen, Trügerei*
trôst *stm. Zuversicht*
trût *adj. lieb, vertraut*
trût *stm. Geliebter*
trûwen, trowen *swv. Zuversicht haben, trauen*
[tucken *swv. eine schnelle Bewegung nach unten machen, sich beugen Bae zu 49*
tuc, duc *stm. Streich, schnelle Bewegung*
tump *adj. töricht, unbesonnen*

über *präp., adv. über*
überbreht *stm. übermäßiger Lärm*
überbrehten *stn. übermäßiges Lärmen*
überkündigen *swv. überlisten*
überwerden *s.* werden
[üeben *swv. ins Werk setzen, ausüben Bae zu 104*
ûferschricken *swv. aufschrecken (aus dem Schlafe)*
ûfhaben, ûfhân *swv. in die Höhe halten, hoch heben*
umbe *präp. um, im Kreise (räuml.); wegen; über*
umbevân *stv. umarmen*
unberâten *part. adj. ohne* rât *(Vorrat), dem Mangel preisgegeben*
unbillich *adj. unrecht, nicht gemäß*
undâre *adv. unpassend, unfreundlich*
under *präp. unter; zwischen*
(ge)unêren *swv. schänden*
unerkant *part. adj. unbekannt*
ungelat 784: *part. adj. zu* letzen, latte, gelat *unbeschädigt*
ungelogen *part. adj. nicht erlogen, wahr*
ungemach *adj. unangenehm*
ungemach *stn., m. Unbequemlichkeit, Verdruß*
ungerichtet *part. prät. nicht gerichtet, nicht in die rechte Ordnung gebracht*
ungetelle *adv. ungeschickt, plump*
ungezogenheit *stf. zuchtloses, unhöfisches Benehmen*
unkust *stf. Bosheit, Hinterlist, Falschheit*
unmaht *stf. Besinnungslosigkeit*
unmâze *stf. Maßlosigkeit*
unminne *stf., swf. Unfreundlichkeit, Lieblosigkeit, Feindseligkeit, Streit*
unvergolden *part. adj. unbezahlt, unvergolten, ungebüßt*
unverwânet *part. adj. unvermutet*
unwert *stm. Geringschätzung, Schmach*
unwitze *stf. Unverstand*
unz *präp. bis zu*
unzîtic *adj. nicht zur rechten Zeit geschehend, unpassend*
üppec *adj. überflüssig, unnütz*
üppeclîchen *adv. überflüssig, nichtig, ohne Grund*
üppekeit *stf. Nichtigkeit, Leichtfertigkeit*
ûr *stm. Auerochse*
urliuge *stn. Krieg, Fehde*
urteil *stn., stf. Urteil, richterliche Entscheidung*
urteilære *stm. Richter*
ûzbrechen *stv. herausreißen*
ûze *adv. außen, draußen*
ûzer = ûz der

vâhen, vân *stv. ergreifen;* herwider v.: *zurückgreifen*
valle *st., swf. Falle*
valten *stv.; refl.: sich zusammenfalten*
var *stf. Weg, Bahn*
vart *stf. Fährte*
vaste *adv. fest, stark; sehr, recht, tüchtig*
vêch *stn. Pelzwerk, besond. von Hermelin, 1342 das Tier selbst: Hermelin oder*
    Eichhörnchen
veizet, veizt *adj. gemästet, feist*
verbern *stv. nicht haben, aufgeben*
verbrüejen *swv. verbrühen*
verchvîent *stm. Todfeind*
verderben *stv. zugrunde gehen, umkommen*
verenden *swv. vollführen*
vergân *v. an. vergehen, vorübergehen; trans.: vorübergehen an, übergehen*
vergeben *m. Dat. d. Pers.: vergiften*
vergelten *stv. zurückerstatten*
verheln *stv. verbergen*
verkêren *swv. ins Gegenteil kehren, eine falsche Richtung geben*
verklagen *swv. zu Ende beklagen*
verlâzen, verlân *stv. hinterlassen, lassen*
vermîden *stv. unterlassen*
vermissen *swv. nicht treffen*
vernemen *stv. anhören, vernehmen, erfahren; m. Dat d. Pers.: hören auf*
verre *adv. entfernt, von weitem; weit, sehr*
versagen *swv. absagen*
versieden *stv. kochen*
versmâhen *swv. verachten, gering schätzen*
versprechen *stv. verreden, durch Rede zurückweisen, verzichten auf*
verspringen *stv. 'durch Sprung einbüßen' 857 Gr*
verstân *stv. trans.: durch Davorstehen jemandem den Zutritt wehren; refl.: etwas*
    einsehen, verstehen
versûmen *swv. refl.: saumselig, nachlässig sein*
versuochen *swv. zu erfahren suchen*
verteilen *swv. m. Dat. d. Pers.: jem. verurteilen, durch Urteil etwas absprechen*
vertragen *stv. ertragen, erdulden*
verwerten *swv. schlecht machen, verderben, verletzen 1406*
verwîzen *stv. tadelnd vorwerfen*
verziehen *stv. versagen*
vestîn *stf. (ursprünglich swf.) Festung*
vil(l)ân *stm. Bauer*
vinsterîn *stf. (ursprünglich swf.) Finsternis*
vitich, vitiche *stm., swf., m. Fittich*
vlîz *stm. Beflissenheit, Eifer*
vlîzen *stv. refl.: sich beeifern, bemühen*
vor *adv. räuml. u. zeitl.: voraus, vorher*
vorder *adj. räumlich vorausgehend, vorder*
vorder(e) *swm., f. Vorfahr; pl.: Ahnen, Eltern*
vorekomen *stv. erscheinen, offenbar werden*
vregen *swv. =* vrâgen
vreislich *adj. schrecklich*
vremde, vremede *adj. fern, fremd, seltsam, wundersam*
vremdeclîche *adv. fremd, fremdartig*
vrezzen *stv. aufessen, fressen*
vrîen *swv. freien, heiraten; begatten*
vriundinne, vriundîn *stf. Freundin, Geliebte*

vriunt *stm. Freund, Geliebter*
vrôn *adj. was den Herrn betrifft, heilig*
vrouwe, vor, ver *swf., stf. Herrin, Dame; als Titel vor Eigennamen*
vrume *swm. Nutzen, Vorteil; ze vrumen: hinlänglich*
vrümec *adj. brav*
vrumen *swv. vorwärtsschaffen, schaffen, bereiten*
vruo *adv. früh*
vürbaz *adv. weiter, ferner (in Raum u. Zeit)*
vürhten *swv. Furcht, Besorgnis empfinden; m. Gen.: für*
vürkomen *stv. heraus-, zum Vorschein kommen, erscheinen; zustande kommen*
vür-, vorspreche *swm. Verteidiger vor Gericht, Anwalt*

wâ *pron. adv. wo; woher*
wallekappe *swf. Reisemantel (Pilgermantel?)*
wan, wen, wenne *adv. u. konj. nur; außer, ausgenommen, ausgenommen daß (wenn nicht wäre)*
wanc *stm. eine Bewegung nach vorn, zur Seite oder rückwärts; 1174 ûf sine gevateren tet er einen w. sprang auf sie; tückischer Streich*
wande, want (wenne, wan, wen) *Fragew. u. konj. warum nicht? denn, weil*
wandel *stn. Wandel; Schadenersatz, Buße; im Gerichtsverfahren die Möglichkeit der Wiedergutmachung eines Versehens von Seiten des Fürsprechen durch den Klienten selbst oder einen andern, ohne daß dem Klienten daraus ein Schaden ersteht*
wænen *swv. meinen, glauben*
war *adv. wohin?*
warnen *swv. aufmerksam machen*
warnen *stn. Warnen, Behüten*
warte *stf. Wacht; Warte (Platz, von dem aus man späht)*
warten *swv. acht haben, sich versehen, sorgen für*
weck(e) *stm., swm. Keil*
weich *adj. schwach*
weideman *stm. Jäger*
weigern *swv. m. Gen. d. Sache: sich widersetzen*
wênic *adj. beweinenswert, elend; gering; wenig; adv.: vielfach in der Bedeutung: gar nicht; interj.: leider! 1558*
wenken *swv. weichen*
werben *stv. sich umtun, bemühen, tätig sein, betreiben; werben um*
werden *stv. eine Richtung einschlagen; werden; 1653 über w. m. Genit.: einer Sache überhoben werden*
werfen *stv. werfen schleudern*
wert *adj. angesehen, hoch geschätzt*
wes *adv. weshalb*
wide *stf. Strang aus gedrehten Reisern, bî der w.: bei Strafe des Henkens, bei Todesstrafe*
wider *präp. wider, gegen (freundlich u. feindlich); adv. entgegen, zurück, wiederum*
widergân *stv. entgegengehen, begegnen*
widerkêr *stm. Rückkehr (zum Ausgangspunkt)*
widermuot *stm. Unmut, Zorn*
widersagen *swv. das Gegenteil von etwas sagen, verneinen*
widervart *stf. Umkehr, Rückreise*
widerwanc *stm. Bewegung nach rückwärts*
wie *Fragew. 1396 warum*
wiger, wiher *s. wiwære*
wilde *adj. ungezähmt, in der Wildnis wohnend, fremdartig*
wîle *stf. Zeit; die w. adv. Acc.: die Zeit hindurch, konj. so lange als*
wirt *stm. Hausherr*

wirtinne *stf. Hausfrau, Herrin*
wise *swf. Wiese*
wisen(t) *stm. Wisent*
witen *adv. weithin*
witz *stf. Verstand, Einsicht*
wiwære, wiher, wiger *stm. Weiher, Teich (vivarium)*
wonen *swv. sich aufhalten, weilen*
worgen *swv. ersticken; Laute wie ein Erstickender von sich geben*
wundern- *als erster Teil von Kompositis zur Verstärkung des Begriffs überaus*
wundern-balde *adv. überaus schnell*
wunne *stf. Freude, Lust, Wonne*
wurz *stf. Pflanze*

zage *swm. Feigling*
zagel *stm. Schwanz*
zagelstrumpf *stm. Stumpf eines Schwanzes*
zannen *swv. knurren; den Mund verziehen*
zehant *adv. auf der Stelle, sogleich*
zehenzic *Zahlw. hundert*
zelle *swf. Zelle; 827: Klostergut*
zerbliuwen *stv. zerbläuen*
zersliîen *stv. auseinandergehen*
zese *adj. recht, dexter*
zesenden *swv. versenden, nach allen Richtungen auseinander senden*
ziehen *stv. ziehen, bringen, führen; schwingen*
zinemîn *stm. Zimt*
zît *stf., n. ich hân z.: es ist für mich die höchste Zeit, an der z.: zur rechten Zeit*
[zocken *swv. ziehen, reißen Gr zu 769 P*
zorn *stm. Zorn, Beleidigung*
zorn *adj. zornig, erzürnt; mir ist z.: es erzürnt mich*
zücken, zucken *swv. mit Gewalt ziehen*

Berichtigungen

S. IV Z. 12 erster Buchstabe lies: $\mathring{v}$

S. IX Z. 4 lies: Oberpfälzer

S. XIII Z. 29 lies: 626 P *trowete* (statt *trowete*)

S. XVIII A. 2 lies: et d' Ysengrin

S. 10 Z. 5 des 1. Apparates lies: waz er an im (statt wa)

S. 12 v. 345 lies: Doppelpunkt am Ende der Zeile (statt Punkt)

S. 15 v. 453 lies: Ysengrin

S. 49 v. 1187 lies: hvb (statt hob)

S. 56 Z. 4 des Apparates lies: 1445 kv̄en (statt kvnen)

S. 68 Z. 1 des 1. Apparates lies: 1679 isingʰn

S. 68 Z. 5 des 1. Apparates lies: irscricte

S. 73 Z. 2 des Apparates lies: 1748 drv̄me

S. 78 Z. 5 des 2. Apparates zu v. 1847 lies: Îsingrîn

Außerdem ist im Apparat mehrmals der Nasalstrich über vn̄ beim Ausdrucken abhanden gekommen.

Inhalt